Jan Diviš
Silberstempel aus aller Welt

Jan Diviš

Silberstempel
aus aller Welt

Battenberg Verlag

Die Deutsche Bibliothek – CIP-Einheitsaufnahme
Diviš, Jan:
Silberstempel aus aller Welt / Text von Jan Diviš.
[Aus dem Tschech. übers. von Jan Klement]. –
5. Aufl. – Augsburg : Battenberg-Verl., 1992
   ISBN 3-89441-073-6

BATTENBERG VERLAG AUGSBURG
© 1992 Weltbild Verlag GmbH Augsburg
Alle Rechte vorbehalten
Aus dem Tschechischen übersetzt von Jan Klement
© der tschechischen Originalausgabe: Aventinum
Verlag, Prag, 1976
Printed in Czechoslovakia
2/10/04/52-05

ISBN 3-89441-073-6

Inhalt

Einleitung

Stempelzeichen auf silbernen Gegenständen wurden in erster
Linie zum Schutz des Käufers eingeführt. Sie sind Garantie
dafür, daß der Edelmetallgehalt den gültigen Bestimmungen
entspricht. Stempel auf antiken Silbergegenständen sind uns
heute überdies – die oft einzigen – Hilfsmittel, um den Her-
stellungsort und die Herstellungszeit zu bestimmen.
Dieses Buch führt die wichtigsten Stempelzeichen an, es soll
den Laien wie auch den Fachmann zuverlässig informieren.
Die Anordnung der Stempel nach den Sujets, die sie darstellen, ermöglicht eine leichte Orientierung. Der Text nennt Ort
und Staat, in dem der Stempel verwendet wurde, die Zeit der
Benutzung und gegebenenfalls den Feingehalt, den der Stempel garantiert. Die Stempel wurden nach folgendem Schema
geordnet:

Buchstaben in alphabetischer Ordnung (1–669)

Ziffern (670–695)

Menschengestalten (696–887)

Säugetiere (888–1140)

Vögel (1141–1302)

andere Lebewesen (1303–1359)

Pflanzen (1360–1482)

Himmelskörper (1483–1517)

Architektur (1518–1591)

Gegenstände (1592–1816)

Zeichen (1817–1994)

Über Herkunft und Alter geben Zunftzeichen, Stadt- oder
Staatsstempel verläßlich Auskunft. Solche Stempel sind in

diesem Buch so vollständig enthalten, wie es die bisherigen Kenntnisse auf diesem Gebiet gestatten. Ferner wurden die Stempel aufgenommen, die für die Bestimmung von Herstellungsland und -ort besonders wichtig sind, wie zum Beispiel spezielle Steuerstempel. Andere Stempel (Meisterzeichen, Jahresbuchstaben, besondere Feingehaltsstempel usw.) mußten unberücksichtigt bleiben, da sonst der Rahmen der Publikation weit überschritten würde, doch wurde eine elementare Auswahl von Stempeln der Silberschmiede, die in den USA arbeiteten, einbezogen. In den USA existierte nämlich weder eine staatliche noch irgendeine andere Kontrolle des Feingehaltes; deshalb sind die Stempel der Produzenten die einzigen Anhaltspunkte zur Bestimmung von Erzeugnissen amerikanischer Herkunft.

Entstehung und Entwicklung der Stempelung waren in den einzelnen Ländern und Staaten sehr unterschiedlich. Dies zeigt auch der folgende kurzgefaßte Abriß der Stempelung und Stempelvorschriften, der nach Länderalphabet angelegt wurde.

Im Text wird üblicherweise von Goldschmieden gesprochen. – Goldschmiede führten und führen auch Silberarbeiten aus. Die meisten Amtsbestimmungen machen keinen Unterschied zwischen Gold- und Silberschmieden.

Das Buch soll vor allem Liebhabern antiken Silbers eine Hilfe sein, deshalb ist das Schwergewicht auf die Stempel gelegt worden, die in vergangenen Zeiten benutzt wurden. Die obere Zeitgrenze für die Auswahl der Stempel wurde in den Zeitraum zwischen den Weltkriegen, d. h. in die dreißiger Jahre des zwanzigsten Jahrhunderts gelegt.

Jan Diviš

Punzierungssystem der einzelnen Länder

Ägypten

Seit dem 1. September 1916 trat ein Stempelsystem in Kraft, das durch ein Gesetz vom 8. August 1906 festgelegt worden war. Gegenstände, die in Ägypten hergestellt wurden, wurden mit drei Stempeln gekennzeichnet:

1. Feingehalt und Punzierungsamt (hier Kairo 800/1000);
2. Regierungsstempel;
3. Jahresbuchstabe.

Diese drei Punzen wurden auf alle Hauptteile des Gegenstandes geprägt.

Kleine Arbeiten wurden nur mit dem Qualitätsstempel versehen. Das Gesetz aus dem Jahre 1906 und die benutzten Stempel behielten bis zum Jahr 1946 ihre Gültigkeit.

Australien

In Australien existieren keine amtlichen Stempel für Gegenstände aus Edelmetallen, weil die meisten Silbererzeugnisse aus England eingeführt wurden.

Im Jahre 1923 versuchten die Produzenten für einige Gebiete Australiens Stempel einzuführen. Aber diese Stempel gaben keine amtlichen Sicherheiten und werden schon längere Zeit nicht mehr benutzt.

Belgien

1484   Maximilian gab für das Gebiet von Flandern eine Verordnung heraus, die offenbar die Benutzung von Jahresbuchstaben betraf.

1501	Erzherzog Philipp der Schöne erließ als Statthalter von Holland eine Verordnung für Goldschmiede in Holland, Seeland und Friesland und am 2. Februar 1502 für Antwerpen und wahrscheinlich weitere Städte. Die Gegenstände wurden gestempelt: 1. Stadtwappen unter der Krone; 2. Jahresbuchstabe; 3. Punze des Meisters.
1551	Kaiser Karl V. erließ in Brüssel eine Goldschmiedeverordnung für die Niederlande, die in einem Teil Nordfrankreichs (Artois), im heutigen Belgien (mit Ausnahme des Fürstentums Lüttich), im Großherzogtum Luxemburg und im Königreich der Niederlande gültig war.
1556	Die Niederlande gingen auf die spanische Linie der Habsburger über. Das bisherige System der Stempelung behielt seine Gültigkeit.
1612	Statthalter Albrecht erließ eine Verordnung, in der neben dem bisherigen Stadtstempel die Einführung eines weiteren Stempels gefordert wurde. Ein Beispiel der Stempelung aus dieser Zeit:

ab) Stadtstempel von Ypern;
c) Jahresbuchstabe 1684/85;
d) Meisterstempel (P. Vost).

1797	Die österreichischen Niederlande fielen Frankreich zu. In Kraft trat die französische Verordnung aus dem Jahr 1797 (19. Brumaire des Jahres VI).
1815–1830	Belgien bildete einen Teil des niederländischen Königreichs. Auf dem Gebiet Belgiens wurden jedoch andere Stempel benutzt als in den Niederlanden.

1831   Nach Schaffung des Königreichs Belgien wurden
        neue Verordnungen für die Punzierung erlassen, die
        sich nach französischem Muster richteten. Die Pun-
        zierung wurde zur Pflicht.

1869   Ein Gesetz vom 5. 6. 1868 trat in Kraft, das die
        obligatorische Staatskontrolle aufhob und einen
        beliebigen Feingehalt bewilligte. Gegenstände mit
        einem Feingehalt von 800 und 900/1000 konnten
        trotzdem zur Beglaubigung des Feingehaltes und zur
        Kennzeichnung vorgelegt werden. Es wurden so-
        wohl Staatsstempel für den Feingehalt als auch per-
        sönliche Stempel der Prüfer eingeführt. Der Stem-
        pel des Meisters wurde nicht gefordert. Diese Stem-
        pel waren bis zum 1. Januar 1942 in Gültigkeit.

Literatur: Crooy, L & F.: Les Poinçons Belges d'Orfèvrerie
depuis le XV°s. jusqu'à la Révolution Française. Bruxelles
1910.

Bulgarien

Über die Stempelung von Gegenständen aus Edelmetallen in
Bulgarien in älteren Zeiten ist nichts bekannt. Das ist offen-
sichtlich eine Folge der türkischen Okkupation, die von 1393
bis zum Jahr 1878 währte (im Süden des Landes bis 1881).
Wahrscheinlich wurde die Stempelung nach dem türkischen
System vorgenomen.

1910   Ein Gesetz vom 1. März 1907 trat in Kraft. Die
        Gegenstände wurden mit der amtlichen Punze des
        Feingehaltes und dem Stempel des Meisters gekenn-
        zeichnet. Der bewilligte Feingehalt war 950, 900,
        850, 750 und 500/1000.

Literatur: Georgiewa, S.-D. Butschinski: Staroto zlatarstvo v
Vraca. Sofia 1959.
Sontschew J.: Der Goldschatz von Panagjurischte. 1950.

Dänemark

1445   Eine königliche Verordnung, die für das ganze Reich gültig war, forderte die Kennzeichnung jedes Gegenstandes mit dem Stadtstempel und dem Stempel des Meisters.

1523   Bis zu diesem Jahr galten allgemein die dänischen Vorschriften für Schweden.

1685   Eine Verordnung Christians IV. für Kopenhagen, die sowohl für alle Städte des Königreichs als auch für alle größeren Städte Norwegens als Muster galt, brachte in das bestehende System eine grundsätzliche Änderung:
Alle Gegenstände, deren Gewicht 5 Lot überstiegen, mußten dem Münzmeister zur Überprüfung des Feingehaltes vorgelegt werden, der sie mit einem Stempel des Stadtzeichens, mit einem Stempel des Monatszeichens und seinem eigenen Stempel versah. Die Gegenstände wurden von dieser Zeit an mit vier Stempeln versehen:

1. Stadtstempel (København);
2. Stempel des Prüfers (Münzmeister C. Ludolf);
3. Monatsstempel (April);
4. Stempel des Meisters.

1814   Bis zu diesem Jahr galten die dänischen Vorschriften auch in Norwegen.

1889   Ein Gesetz vom 5. 5. 1888 trat in Kraft. Die Gegenstände mußten gekennzeichnet werden mit
1. dem Stempel des Herstellers;
2. der Ziffer des Feingehaltes mittels Buchstaben »S«;
3. dem amtlichen Stempel mit der Jahreszahl. Der geringste Feingehalt war 826/1000.

Literatur: Boje, Ch. A.: Danske Guld og Solv Smedemaeker for 1870. København 1951.
Orlik, J.: Danske Guldsmedes Maerker. København 1919.

12

Deutschland

1289 Erste Nachrichten über Stempelung von Gegenständen in Erfurt.

1548 Ein Reichsgesetz kam heraus, demzufolge alle Gegenstände aus 14lötigem Silber mit einem Gewicht über 4 Lot zur Überprüfung des Feingehaltes vorgelegt und mit dem Stempel des Meisters und dem Stadtzeichen, gegebenenfalls der Obrigkeit der Niederlassung des Goldschmiedes, versehen werden mußten.

1667 Das Reichsgesetz von 1548 trat erneut in Kraft.

1888 Am 1. Januar wurden für das gesamte Gebiet Deutschlands einheitliche Stempel eingeführt. Von diesem Zeitpunkt an werden Gegenstände wie folgt gestempelt:

   1. Stempel des Herstellers;
   2. Feingehalt in Ziffern (in Tausendsteln);
   3. Zeichen des Halbmondes mit der Krone (die Punzierung führte der Hersteller selbst durch, sofern das Silber einen höheren Feingehalt als 800/1000 hatte).

Literatur: Rosenberg, M.: Der Goldschmiede Merkzeichen. Frankfurt a. M. 1922.
Scheffler, W.: Goldschmiede Niedersachsens. Berlin 1965.
Stierling, H.: Goldschmiedezeichen von Altona bis Tondern. Neumünster 1955.

England

Englische Goldschmiedezünfte werden bereits im 12. Jahrhundert nachgewiesen.

1180 Unter Heinrich II. wurde eine Goldschmiedezunft gegründet, die berechtigt war, einen Stempel mit einem Löwenkopf zu benutzen.

1238	Unter Heinrich III. wurde die Prüfung des Feingehaltes des Silbers eingeführt, um Betrügereien vorzubeugen.
1300–1544	Eduard I.: Der Stempel mit dem Löwenkopf kennzeichnet von nun an den Feingehalt »Sterling-standard« 11 oz 2 dwt (= 925/1000), was dem Feingehalt der Münze entsprach.
1336	Die Goldschmiedezunft gab Verordnungen über die Punzierung heraus und führte folgende Stempel ein: 1. Gekrönter Löwenkopf (leopard's head); 2. Stempel des Meisters (maker's mark); 3. Jahresbuchstabe (date letter).

LEOPARD'S HEAD: Mit dieser Bezeichnung wurde in der Heraldik der Löwenkopf benannt. Der Stempel mit dem Löwenkopf wurde nicht nur in London, sondern auch in den anderen Städten Englands benutzt.

MAKER'S MARK: (Stempel des Meisters) setzte sich zuerst aus zwei Buchstaben des Namens des Meisters zusammen, später, seit dem 18. Jahrhundert, aus den Anfangsbuchstaben des Vor- und des Familiennamens. Hofgoldschmiede benutzten über dem Monogramm eine Krone.

DATE LETTER: (Der Jahresbuchstabe) veränderte sich jedes Jahr im Mai und gab so das Alter des Gegenstandes an. Wenn das Alphabet erschöpft war (man benutzte die 20 Buchstaben A–V ohne J), wurde die Form der Buchstaben und des Stempels verändert.

1379	Der Herkunftsstempel »mark of origin« wurde eingeführt. Jedes Amt hatte seinen Stempel, so z. B. London den Löwenkopf. Die weitere Entwicklung der englischen Stempelung könnte kompliziert erscheinen, aber an dem Beispiel des Systems der Stempelung in London läßt sich die ganze Problematik erklären (angeführte Beispiele der Stempelung nach M. Rosenberg):

Vor dem Jahr 1544 wurden die Gegenstände mit drei Stempeln gekennzeichnet:

1. Gekrönter Löwenkopf (leopard's head);
2. Buchstabe, der das Jahr der Erzeugung des Gegenstandes kennzeichnet (date letter);
3. Stempel des Meisters (marker's mark).

Ein Beispiel:

 MAKER'S MARK

Im Jahr 1544 kam noch ein vierter Stempel »Der schreitende Löwe« (lion passant) hinzu. Die Vorlage für diesen Stempel wurde dem königlichen Wappen entnommen. Er bezeichnete den sogenannten Sterlingfeingehalt 11 oz 2 dwt (= 925/1000). Als Symbol des Sterlingfeingehaltes wurde er auch in den anderen Städten Englands benutzt. Bis zum Jahr 1821 wurde der Löwe en face, nach diesem Jahr im Profil abgebildet.

Ein Beispiel:

 MAKER'S MARK

In den Jahren 1697–1720 wurde ein höheres Verhältnis des Feingehaltes 11 oz 10 dwt (958,3/1000) vorgeschrieben, der mit folgenden Stempeln gekennzeichnet wurde: a. Figur »Britannia«; b. Löwenkopf im Profil (lion's head erased). Dadurch entfielen die Stempel Nummer 1 (leopard's head) und Nummer 4 (lion passant). Erzeugnisse mit dem Feingehalt »Britannia« wurden wiederum mit vier Stempeln gekennzeichnet, und zwar:

1. Jahresbuchstabe (date letter);
2. Figur »Britannia»;
3. Löwenkopf im Profil (lion's head erased);
4. Stempel des Meisters (maker's mark).

Ein Beispiel:

   **MAKER'S MARK**

Da das Silber des Feingehaltes »Britannia« für die Bedürfnisse der Silberschmiede zu weich war, wurde vom Jahre 1720 an wieder erlaubt, Silber des Feingehaltes »Sterling« zu verarbeiten, so daß seit dieser Zeit beide Stempelreihen nebeneinander bestanden.

Im Jahr 1784 wurde in England und Schottland (jedoch nicht in Irland) der Taxstempel (duty mark) eingeführt, der bestätigte, daß für die Prüfung des Feingehaltes eine Gebühr erhoben wurde. Er bildete den Kopf des herrschenden Königs oder der Königin ab und wurde bis zum Jahre 1890 benutzt. Seit 1784 wurde also jede Silberschmiedearbeit mit fünf verschiedenen Stempeln gekennzeichnet:

1. Löwenkopf (leopard's head);
2. Jahresbuchstabe (date letter);
3. Schreitender Löwe (lion passant);
4. Kopf des Herrschers (duty mark);
5. Stempel des Meisters (maker's mark).

Ein Beispiel:

   **MAKER'S MARK**

Seit 1890 gab es dann wieder nur vier Stempel, da der Stempel »duty mark« aufgehoben wurde.
A. Für niedrigeren Feingehalt:
   1. Löwenkopf (leopard's head);
   2. Jahresbuchstabe (date letter);
   3. Schreitender Löwe (lion passant);
   4. Stempel des Meisters (maker's mark).

Ein Beispiel:

   **MAKER'S MARK**

B. Für höheren Feingehalt:
1. Jahresbuchstabe (date letter);
2. »Britannia«;
3. Löwenkopf im Profil (lion's head erased);
4. Stempel des Meisters (maker's mark).

Ein Beispiel:

   **MAKER'S MARK**

Literatur: Bradbury, F.: British and Irish Silver Assay office Marks 1544–1954. London 1955.
Chaffers, W.: Hall marks on gold and silver plate. London 1872.
Jackson, C. J.: English Goldsmiths and their Marks. London 1949.
Taylor, G.: Silver. Harmondsworth. 1956.
Watts, W. W.: Old English Plate. 1924.

Finnland

14. Jh. Finnland ist von Schweden besetzt.

1743 Ein Teil des Landes wird von Rußland besetzt.

1809 Das ganze Land wird von Rußland besetzt. Bis zu diesem Jahr war auf dem Gebiet Finnlands die schwedische Stempelung in Kraft.

1810 Seit diesem Jahr wurde eine neue Stempelung (unterschiedlich zur russischen) eingeführt:
1. Staatsstempel mit der finnischen Krone;

2. Jahresbuchstabe (A = 1810; A2 = 1864; A3 = 1888, usw.).
3. Feingehaltsstempel in Lot oder in zolotniki (13 L = 78 zolotniki = 812,5/1000);
4. Stempel des Meisters.

1920   Nach Aufhebung staatlicher Vorschriften in diesem Jahr wurden folgende Feingehalte benutzt: 813 H = 830/1000; 916 H = 935/1000.

Literatur: Borg, Tyra: Guld och Silversmeder i Finnland. Helsinki 1935.

Frankreich

1275   Eine Verordnung von Philipp dem Kühnen forderte die Kennzeichnung von Gegenständen aus Silber mit dem Stadtstempel und dem Stempel des Meisters.

1577   Heinrich III. versuchte aus fiskalischen Gründen, einen neuen Kontrollstempel einzuführen (droit de remède).

1579   Heinrich III. unternahm einen neuen Versuch der Einführung eines weiteren Stempels. Die Einnahmen aus diesen Stempeln sollten verpachtet werden. Die Absicht des Königs scheiterte am Widerstand der Pariser Goldschmiede.

1672   In diesem Jahr wurde eine neue Gebühr »droit de marque sur l'or et l'argent« eingeführt. Ihre Eintreibung wurde verpachtet und die Bezahlung auf dem Gegenstand durch einen besonderen Stempel vermerkt.

1681   Zum ursprünglichen Stempel des Pächters wurde ein weiterer hinzugefügt. Die Punzierung wurde nun in der Praxis wie folgt durchgeführt (Rosenberg):

1. Bevor der Hersteller den Gegenstand fertig-
   stellte, meistens noch vor der Montage der
   Arbeit, kennzeichnete er jeden selbständigen
   Teil des Gegenstandes mit seinem persönlichen
   Stempel, dem sogenannten »poinçon à contre
   signe«, welcher später »poinçon de maître«
   genannt wurde.
2. Die auf diese Weise gekennzeichneten Teile des
   Gegenstandes legte er im »bureau de la régie«
   den Beamten des Pächters vor, die das Erzeugnis
   mit dem Stempel »poinçon de charge« kenn-
   zeichneten. Dieser Stempel bedeutete, daß der
   Gegenstand zur Versteuerung vorgelegt werden
   muß.
3. Der Meister durfte den Gegenstand noch immer
   nicht zu Ende fertigen, sondern mußte ihn noch
   der Zunft »bureau de la maison commune« vor-
   legen, in der die Zunftprüfer (gardes des commu-
   nautés) den Feingehalt der einzelnen Teile des
   Stückes überprüften und sie mit dem Stadtstempel (meistens mit dem Buchstaben, der das Jahr
   bezeichnete), dem sogenannten »poinçon de la
   maison commune«, versahen.
4. Erst jetzt durfte der Goldschmied den Gegenstand vollenden. Nach der Fertigstellung, aber
   noch vor dem Verkauf des Gegenstandes, mußte
   der Meister erneut das »bureau de la régue« auf-
   suchen, wo nach Bezahlung der Pächtergebühr
   das Stück mit dem Stempel »poinçon de
   décharge« gekennzeichnet wurde. Erst dann
   durfte das Erzeugnis verkauft werden.

Der Gegenstand wurde also mit vier Stempeln
gekennzeichnet. Da die Stempel der Zunftprüfer
und der Pächter sich je nach der Größe des Gegenstandes, nach dem Feingehalt des Metalls, nach der
Person des Pächters und auch nach dem Steuerdi-
strikt (généralités) änderten, geht ihre Anzahl in die
Tausende, und bis zum heutigen Tag wurden noch
nicht alle verläßlich festgestellt.

1791   Das Pachtsystem wurde aufgehoben, und damit
        erloschen die Stempel »charge« und »décharge«.

1797   Ein neues Stempelsystem wurde eingeführt. Die
         Prüfung des Feingehaltes ging von der Zunft auf den
         Staat über. Der Feingehalt wird seit diesem Jahr mit
         dem Stempel »poinçon de titre« gekennzeichnet, die
         Bezahlung der Steuertaxe wurde mit dem »poinçon
         de garantie« gekennzeichnet.
         Erläuterungen einzelner spezieller Bezeichnungen:
         POINÇON DE RECONNAISSANCE – Stempel
         der Pächter, eingeführt im Jahr 1750 zur Kennzeich-
         nung von neuen zusätzlichen Teilen älterer Gegen-
         stände. Außerdem die Kennzeichnung für verschie-
         dene Arten der Stempelung.
         POINÇON DE RECENSE – die neuen Pächter
         konnten entweder die Stempel ihrer Vorgänger
         behalten, oder konnten neue Stempel herstellen las-
         sen. Bei der Einführung neuer Stempel wurde die
         sogenannte Generalrezension durchgeführt, bei der
         kostenlos alle Gegenstände, die vom Vorgänger des
         neuen Pächters versteuert wurden, mit besonderen
         Punzen gekennzeichnet wurden. Die erste kosten-
         lose Rezension fand 1722 statt, als Fälschungen der
         Pächterstempel festgestellt wurden.
         POINÇON DE VIEUX – ein Stempel für diese
         Gegenstände, die von neuem in den Handel kamen
         und schon vorher vom Pächter mit einem Stempel
         versehen wurden.

Literatur: Boivin, J.: Les Anciens Orfèvres Français et leurs
Poinçons. Paris 1923.
Carré, L.: Les Poinçons de l'Orfèvrerie Française. Paris 1928.
Cripps, W. J.: Old French Plate. London 1893.
Nocq, H.: Les Poinçons de Paris. Paris 1926.

Griechenland

Eine Verordnung über die Kontrolle des Feingehaltes von
Gegenständen aus Edelmetallen existierte bis in die dreißiger
Jahre des 20. Jahrhunderts, also dem Zeitraum, den unser
Buch umfaßt, nicht. Nach einer Vorschrift der Polizei mußten die Goldschmiede ihren Namen und ihren Stempel bei
der Gemeindeverwaltung des betreffenden Ortes anmelden
und der Polizei An- oder Verkauf von Edelmetallen melden.

Irland

1495	Übernahme der englischen Vorschriften aus dem Jahr 1423.
1498	In Dublin existiert eine Goldschmiedezunft.
1557	In Dublin wurde die Erzeugung aus Edelmetallen liberalisiert.
1605	In Dublin wurde die Prüfung des Feingehaltes wieder aufgenommen, weil die Liberalisierung mißbraucht wurde.
1637	Karl I. genehmigte das Statut der Goldschmiedezunft in Dublin, das für ganz Irland Gültigkeit besitzt. Es wurde festgesetzt, daß der Feingehalt des Silbers nicht niedriger sein dürfe als der englische Standard.
1638	Einführung von Jahresbuchstaben.
1729	Mit Gültigkeit vom 25. 3. 1730 wird die Steuer »duty« eingeführt. Die Bezahlung der Steuer wird auf den Gegenständen durch Punzierung des Stempels »Hibernia« bestätigt.
1807	Irland wird an England angeschlossen und nimmt das englische Stempelungssystem an.
1923	Nach Wiederherstellung der Unabhängigkeit wurden vom 4. April 1923 an neue Stempel eingeführt. Die Gegenstände werden von dieser Zeit an wie folgt gekennzeichnet: 1. Meisterstempel; 3. Feingehaltsstempel; 2. Stadtstempel; 4. Jahresbuchstabe.

Italien

Der Zerfall des antiken Römischen Reiches in kleine freie Gebiete oder Städte verhinderte lange Zeit die Einführung eines einheitlichen Systems der Stempelung auf dem Gebiet des heutigen Italiens. In den Städten war es üblich, daß die Zünfte stempelten. Die Territorialstaaten führen ihr eigenes Punzierungssystem ein.

1797	In diesem Jahr hörte die Republik Venedig auf zu bestehen. Auf ihrem Gebiet gab es eine einheitliche

	Stempelung, die vom Staat organisiert wurde. Außer der Stadt Venedig gehörten zu diesem Territorium Verona, Brescia, Bergamo und Friaul, ein Teil Istriens und fast das ganze Gebiet Dalmatiens.
1810	Eine Verordnung Napoleons führte für das italienische Königreich das Punzierungssystem nach französischem Muster ein, mit sogenannten Garantieämtern in Mailand, Venedig, Ancona, Verona und Brescia.
1815–1859 (bzw. 1866)	Das französische System blieb auf dem von Österreich besetzten Gebiet (Königreich der Lombardei-Venedig) in Kraft. In Mailand und Venedig wurden Punzierungsämter eingerichtet.
1818–1872	Im Herzogtum Modena und Parma galten damals besondere Stempelungen.
1873	Nach dem Gesetz vom 2. 5. 1872 trat für Italien eine einheitliche Stempelung in Kraft. Die Erzeugung wurde liberalisiert, die Kontrolle war nicht pflichtlich. Feingehalte: 950, 900 und 800/1000.
1935	Neue Stempel und Feingehalt 925 und 800/1000 wurden eingeführt, die heute noch gelten.

Literatur: Bulgari, C. G.: Argentieri, gemmari e orfi d'italie. Roma 1958–1969.

Sidney, J. A. Churchill: The Goldsmiths of Italy. London 1926.

Japan

In Japan wurde die Stempelung von Gegenständen aus Edelmetallen im Jahre 1928 durch die Ministerverordnung Nr. 12 vom 29. Juni eingeführt. Revidiert wurde sie am 18. 5. 1954. Der erlaubte Feingehalt wird in Tausendsteln in folgenden Werten angegeben: 1000, 950, 925, 900 und 800/1000. Silbergegenstände müssen wie folgt gekennzeichnet werden:

1. Meisterstempel;
2. Kontrollstempel;
3. Feingehaltsstempel.

Jugoslawien

1834   Im ehemaligen Königreich Serbien wurde die Pflichtstempelung von Gegenständen aus Edelmetallen eingeführt.

1882   Ein Gesetz vom 17. Juli bestimmte ein neues Punzierungssystem auf dem Gebiet des ehemaligen serbischen Königreiches mit Kontrollämtern in den Provinzen. Der erlaubte Feingehalt 800 und 750/1000.

1919   Mit dem Entstehen des heutigen Jugoslawiens wurden neue Stempel eingeführt, die auf dem Gebiet des ganzen Staates gültig waren. Die erlaubten Feingehalte 900, 800 und 750/1000.

1933   Neue Punzen und neue Feingehalte: 950, 900 und 800/1000 wurden eingeführt.

Kanada

Silberschmiede, die in der Zeit der französischen Kolonie (1700–1763) in Kanada seßhaft waren, benutzten Stempel, die den Punzen der französischen Meister ähnlich waren: In der Stempelform waren die Anfangsbuchstaben des Namens des Meisters und darüber entweder eine Krone, die französische Lilie oder ein Stern.

Nach dem Jahr 1763, während der englischen Herrschaft, änderten sich auch die Stempel der kanadischen Meister. In der Stempelform, die damals rechtwinklig war oder einen Halbkreis bildete, blieb nur das Monogramm des Meisters. Diese Stempel ähneln sehr den Stempeln der Goldschmiede auf den englischen normannischen Inseln. Daher besteht bei ihrer Bestimmung die Gefahr der Verwechselung. Die Goldschmiede in den Provinzen Montreal und Quebec fügten in jener Zeit ihrem Stempel die Bezeichnung MONTREAL oder QUEBEC hinzu. Auf ähnliche Art fügten die Goldschmiede aus Halifax (Nova Scotia) das Monogramm »H« oder »HX« oder »XNS« hinzu. Die Monogramme »STJ« oder »NB« wurden in St. John (New Brunswick) verwendet.

Zu Beginn des 19. Jahrhunderts imitierten die kanadischen Stempel die englischen. Es kamen sogar Nachahmungen englischer Amtsstempel vor, zum Beispiel des Stempels »duty«. Im Jahr 1908 trat ein Gesetz in Kraft, das bis 1946 gültig war und die Benutzung von Silber mit einem Feingehalt von 925/1000 forderte.

Literatur: Langdon, J. E.: Canadian Silversmiths and their Marks. Vermont 1960.

Niederlande

Bis zu den Befreiungskriegen gegen Spanien galten auf dem Gebiet der Niederlande die Vorschriften der spanischen Provinzen.

1501   Erzherzog Philipp der Schöne gab eine Verordnung für Goldschmiede in den Niederlanden, Seeland und Friesland (siehe Belgien) heraus.

1661   Die Verordnung »Placaat en Ordonnante« wurde herausgegeben, die die Funktion des vereidigten Prüfers einführte. Diese fügten zum Stempel des Meisters die Punze der Stadt (merk van Stads Wapen) und den Stempel mit dem gekrönten Löwen (Provincialen gekronnden Leeuwa) hinzu, der einen höheren Edelmetallgehalt garantierte (875/1000). Auf großen Gegenständen wurden daher vier Stempel nach folgendem Beispiel aufgeprägt:

1. Stadtstempel (Amsterdam);
2. Jahresbuchstabe (hier 1609);
3. Gekrönter Löwe;
4. Meisterstempel.

Bei kleineren Gegenständen wurden nur der Meisterstempel und die Punze mit dem Löwen gefordert.

1806– 1810	Königreich Niederlande: Neue Punzen des Feinge- haltes 934 und 833/1000 und neue Jahresbuchstaben wurden festgelegt.
1810– 1814	Die Niederlande wurden an Frankreich angeglie- dert.
1811	Ein kaiserliches Dekret führte das französische Punzierungssystem ein. Gegenstände wurden ge- kennzeichnet mit 1. Meisterstempel; 2. Feingehalts- stempel; 3. Stempel »bureau des garantie« (siehe Frankreich).
1814	Ein kaiserliches Dekret legte neue Stempel fest, die nur für das Gebiet der heutigen Niederlande galten. Im Gebiet des heutigen Belgiens, das bis zum Jahr 1830 ein Teil der Niederlande war, galten andere Stempel. Die Stempel aus dem Jahr 1814 blieben bis zum Jahr 1953 gültig.

Literatur: Voet, E. jr. en P. W. Voet: Nederlandse Goud- en Zilvermerken 1445–1951. Den Haag 1951.
Voet, E.: Nederlandse Guod- en Zilversmeden 1445–1951. Den Haag 1963.

Norwegen

1314	König Haakon V. von Norwegen gab eine Verord- nung heraus, die einen Goldschmiedestempel mit der Feingehaltspunze forderte.
1380– 1814	Union von Norwegen und Dänemark. Im wesentli- chen waren dänische Vorschriften in Gültigkeit.
1568	In Bergen wurde eine Goldschmiedezunft gegrün- det.
1640– 1740	Die Zünfte wurden aufgelöst, die Goldschmiede direkt dem König unterstellt.
1740– 1840	Die Zünfte wurden wieder erneuert, ihre Kompe- tenz war jedoch sehr beschränkt.

1740	Nach diesem Jahr gab es Stempel für die einzelnen Monate, anfangs in der Form von Bruchzahlen.
1766– 1820	Die Stempel für die einzelnen Monate stellen die Tierkreiszeichen dar.

Ein Beispiel der Punzierung aus dieser Zeit:

1. Stadtstempel (Bergen);
2. Meisterstempel (P. G. Aasmundsen);
3. Stempel der Jahreszahl (1812);
4. Stempel des Prüfers (M. Pettersen);
5. Monatsstempel.

1859	Die Zünfte wurden aufgelöst.
1891	Ein Gesetz vom 6. Juni führt ein modernes Punzierungssystem ein. Die Punze mußte den Feingehalt in Tausendsteln kennzeichnen, bei der Feingehaltszahl den Buchstaben »S« und den Namen des Meisters anführen. Der erlaubte niedrigste Feingehalt 830/1000.

Ein Beispiel:

$$\frac{830\ S}{\text{Name des Meisters}}$$

Der Stempel der amtlichen Feingehaltprüfung ist der norwegische Löwe mit der Krone.
Die Überprüfung ist fakultativ.

Literatur: Vestlandske Kunstindustrimuseums Aarborg for Aaret 1903. Bergen 1903.
Krohn, H. T.: Trondhejms Gullsmedkunst 1550–1850. Oslo 1963.

Österreich

1366 Verordnung der österreichischen Fürsten Albrecht und Leopold über die Prüfung von Edelmetallen. Zur Prüfung des Feingehaltes wurden zwei Zunftmeister bestimmt, die unter Aufsicht des Münzmeisters standen.

1659 Ein Patent Kaiser Leopolds I. erlaubte die Verarbeitung von 14lötigem Silber.

1708 Ein Patent Kaiser Josefs I. erlaubte 13- und 14lötigen Feingehalt des Silbers (die sogenannte Augsburger und Wiener Probe).

1737 Ein Patent Kaiser Karls VI. führte den 15lötigen Feingehalt ein.

1774 In einem Patent Kaiserin Maria Theresias wurden erstmalig die Stempel abgebildet, die benutzt werden mußten.

1784 Seit diesem Jahr existierte in Österreich eine staatliche Kontrolle des Feingehaltes, zunächst nur in Wien.

1786 Einführung der staatlichen Kontrolle des Feingehaltes in Galizien (siehe Polen).

1806 Einführung eines einheitlichen staatlichen Systems der Stempelung im gesamten ehemaligen Österreich-Ungarn (außer Ungarn, der Slowakei und Siebenbürgen).

1866 Mit Gültigkeit vom 1. August wurden neue Punzierungsstempel und die Festsetzung des Feingehaltes des Silbers in Tausendsteln anstatt in Loten eingeführt. Diese Stempel wurden nun auch in Ungarn benutzt. Der erlaubte Feingehalt war 950, 900, 800 und 750/1000.

1872 Die bisher gültigen Stempel wurden so verändert, daß der Buchstabe, der den Ort des Punzierungsamtes kennzeichnete, zum Bestandteil des Feingehaltsstempels wurde.

Diese Stempel waren in der Republik Österreich bis zum Jahr 1921, in der Tschechoslowakei bis zum Jahr 1922, in einem Teil Polens bis zum Jahr 1920, in einem Teil Jugoslawiens bis zum Jahr 1919 und in Ungarn bis zum Jahr 1937 gültig.

1921   Ein Gesetz vom 21. 10. setzte neue Stempel für die Republik Österreich fest.

Literatur: Knies, K.: Die Punzierung in Österreich. Wien 1896.
Reitzner, V.: Alt-Wien-Lexikon für österreichische und süddeutsche Kunst und Kunstgwerbe. Band III. Edelmetalle und deren Punzen. Wien 1952.

Polen

1548   Die Stadtstempel wurden angeblich von Siegmund August eingeführt. Ein einheitliches Punzierungssystem gab es offensichtlich noch nicht.
Die Punzierungssysteme und die Stempel änderten sich auf dem Gebiet Polens nach historischen Ereignissen:

1772   Erste Teilung Polens. Preußen besetzte das polnische Pommern und Westpreußen (mit Ausnahme von Gdańsk und Toruń) und einen Teil Großpolens. Österreich annektierte Galizien (ohne Kraków) und Rußland das Gebiet der oberen Dwina und des Dnjeprs.

1793   Zweite Teilung Polens. Preußen annektierte Gdańsk, Toruń, den größten Teil Großpolens, Kujawien und Masowien, Rußland den Rest von Belorußland, Podolien, Wolhynien und die Ukraine.

1795   Dritte Teilung Polens. Rußland annektierte das Gebiet bis zum Bug und zur Memel, Preußen den Rest Großpolens mit Warschau. Österreich das gesamte Kleinpolen mit Kraków. Der selbständige polnische Staat hörte auf zu existieren.

1815–   Nach Napoleons Niederlage wurde das neue König-
1863   reich Polen gebildet, dessen König der russische Zar
        war. Galizien blieb unter Österreichs Hoheit, auf
        ähnliche Art blieb Preußen der größte Teil des vor-
        her annektierten Gebietes. Kraków und seine Um-
        gebung wurden zur freien Republik ausgerufen.

1846   Kraków wird von Österreich besetzt. Bis zum Jahr
        1918 blieb dieses Gebiet ein Teil Österreich-
        Ungarns.

1863   Nach dem Warschauer Aufstand wurde die beson-
        dere Position des Königreiches Polen abgeschafft.
        Es wurde nun als russische Provinz Weichselgebiet
        verwaltet.

1920   Nach der Erneuerung Polens wurden am 9. August
        neue Stempel eingeführt. Die erlaubten Feingehalte
        waren 940, 875, 800/1000. Die Stempel waren bis
        zum Jahr 1947 in Gültigkeit.

Literatur: Bujańska, J.: Stare Srebra. Kraków 1972.
Lepszy, L.: Premysl zlotniczy w Polsce. Kraków 1933.
Myszkówna, H.: Srebra Warszawskie XVIII i XIX wieku w
zbiorach Muzeum Historycznego. Warszawa 1973.

Portugal

Vor der Einführung eines staatlichen Punzierungssystems im
Jahre 1881 punzierten die einzelnen Städte mit ihren eigenen
Stempeln. Es wurde auch der Meisterstempel gefordert. Die
Stadtstempel garantierten den Feingehalt 958/1000.

1881   Die provisorische staatliche Punzierung wurde ein-
        geführt.

1886   Ein Dekret vom 1. Juni führte die Pflichtkontrolle
        des Feingehaltes ein. Die erlaubten Feingehalte
        waren 916 und 833/1000.

1938   Am 1. Januar wurden neue Stempel eingeführt, die
        heute noch Gültigkeit haben. Das Punzie-
        rungssystem blieb gleich.

Literatur: Dos Santos, R.-I. Quilho: Ourivesaria Portuguesa. Lisboa 1959–1960.
Vidal, Manuel Goncalves: Marcas de Contraste de Ourives Portugueses XV°–1950. Lisboa 1958.

Rumänien

Über die Punzierung von Gegenständen aus Edelmetallen in Rumänien ist uns aus älterer Zeit nichts bekannt. In Siebenbürgen und im Banat galten bis zum Jahr 1919 die ungarischen Vorschriften (siehe Ungarn bzw. Österreich).

1906   Ein Gesetz vom 28. Februar führte das moderne Punzierungssystem ein. Die Gegenstände mußten mit Feingehaltstempeln 950, 800 und 750/1000 und dem Meisterstempel versehen werden.

1919 u.   Es wurden neue Stempel eingeführt. Der Feingehalt
1937   blieb unverändert, entsprechend des Gesetzes von 1906.

Literatur: Nicolescu, C.: Argintăria laică si religioasă in Tările Romăne sec. 14.–19. Bucuresti 1968.
Tafrali, O.: Le trésor byzantin et roumain du monastére de Poutna. Paris 1925.

Rußland

1613   Erste Berichte über Silberpunzierung.

1649   Verbot der Punzierung von Silber niedrigen Feingehaltes.

1700   Peter der Große gab eine Verordnung über die Punzierung nicht nur für Moskau, sondern auch für die Gouvernements heraus. Nach diesem Jahr treten »imenniki« – die Meisterstempel – auf.

1733   Eine Verordnung wurde erlassen, die das Verhältnis des Silbers zum Kupfer in einer Legierung bestimmte: 72 zolotniki Silber und 24 zolotniki Kupfer.

1729   Aus diesem Jahr ist die Prüfstelle für Edelmetalle in Moskau belegt.

1735	Eine Prüfstelle für Edelmetalle wird in St. Peters-burg eingerichtet.
18. Jh.–19. Jh.	In Moskau wird bei der Punzierung wie folgt vorge-gangen: Der Meister gab auf den fertigen Gegen-stand seinen Stempel (imennik). Dann legte er seine Arbeit der Zunft vor, wo der Gegenstand als Quali-tätsarbeit einen Stempel bekam. Dann ließ der Mei-ster den Gegenstand in der Prüfstelle prüfen, wo der Prüfer das Stück mit dem Stempel Moskaus und seinem persönlichen Stempel kennzeichnete. In anderen Städten des Landes wurden die Gegen-stände wie folgt gestempelt: 1. Stadtstempel, manchmal auch mit der Jahres-zahl; 2. Meisterstempel mit dem Monogramm des Mei-sters, manchmal auch mit der Jahreszahl, immer jedoch in einer rechtwinkligen Stempelform; 3. Feingehaltsstempel mit der Ziffer (in zolotniki), immer in rechtwinkliger Form.
1891	Für das gesamte Land wurden einheitliche Stempel eingeführt. Im Stempel war außer der Abbildung eines Frauenkopfes das Monogramm des Verwalters des Prüfungsbezirkes.
1927	Ein neues Punzierungsgesetz wurde erlassen, neue Stempel wurden festgelegt, und der Feingehalt wur-de nach Tausendsteln berechnet.

Literatur: Goldberg, T.-F. Mischukow–N. Platonova–I. Post-nikova–N. N. Loseva: Russkoe zolotoe i serebrjanoe delo XV–XX vekov. Moskva 1967.
Rothemund, B.: Verzeichnis der russischen Gold- und Silber-marken. München 1971.

Schottland

1457	James III. setzte den Feingehalt des verarbeiteten Silbers auf 916/1000 fest.
1483	James III. führte die Benutzung von Meisterstem-peln ein.

1489	Annahme des Feingehaltes, der in Brügge gebräuchlich war.
1525	Erste Goldschmiedezunft in Edinburgh.
1555	Abermalige Festsetzung des ursprünglichen schottischen Feingehaltes von 11 oz (= 916,6/1000).
1681	Einführung von Jahresbuchstaben (date letters). Es wurden die Buchstaben A–Z (außer J) verwendet.
1707	Vereinigung Schottlands mit England.

Literatur: siehe England.

Schweden

1489	In einem Schreiben des Reichsrates ist von der Stempelung von Gegenständen durch eine Meisterpunze die Rede.
1529	Das Goldschmiedereglement von Gustav Wasa erwähnt den Meisterstempel.
16. Jh.	Im Verlauf des Jahrhunderts treten neben dem Meisterstempel die Stadtstempel mit dem Stadtwappen auf.
1689	In Stockholm wurden vom Reichsprüfer A. Grill Jahresbuchstaben eingeführt.
1752	Der Staat übernahm die Kontrolle des Feingehaltes von Gegenständen aus Edelmetallen.
1758	Das Kollegium der Kammer führte für das ganze Land (einschließlich Finnlands) die Punzierung von Jahresbuchstaben ein. Ein Beispiel der Punzierung in jener Zeit:

1. Stadtstempel (Alingsås);
2. Meisterstempel (Per Svanander);
3. Jahresbuchstabe (für das Jahr 1782);
4. Staatlicher Kontrollstempel.

1860   Statt der Stempel mit den Stadtwappen wurden für die einzelnen Prüfstellen besondere Buchstaben eingeführt, die dem Anfangsbuchstaben des Ortsnamens entsprechen.

Literatur: Upmark, G.: Guld- och Silversmeder i Sverige 1520–1850. Stockholm 1925.
Schwedische Silberschmiederei 1520–1850, Gold- und Silberstempel. Stockholm 1963.

Schweiz

1544   Versuch der Stadt Zürich, die Züricher Vorschriften über den Feingehalt von Edelmetallen auch in anderen Städten und Kantonen einzuführen.

1547   Der Vorschlag Zürichs wurde in Luzern und möglicherweise auch in Uri, Basel und Solothurn angenommen.

1848   Die Bundesregierung erließ eine Vorschrift über die einheitliche Regelung des Feingehaltes auf dem ganzen Gebiet der Schweiz. Die einzelnen Kantone bezeichneten jedoch die Gegenstände weiterhin mit ihren Stempeln.

1880   Bundesgesetz über die Kontrolle und die Garantie des Silberfeingehaltes. Die erlaubten Feingehalte: 935, 925, 900, 875 und 800/1000.

1882   Einheitliche Stempel für das gesamte Gebiet der Schweiz nach dem Gesetz aus dem Jahre 1880 traten in Kraft.

1893   Veränderte Stempel traten in Kraft, die bis zum Jahr 1934 benutzt wurden. Der Buchstabe im Stempel gibt den Sitz des Kontrollamtes an.

Literatur: Rittmeyer, D. F.: Diverses Etudes sur les Orfèvres Suisses d'Appenzell, Rapperswiller, St. Gallen, Schaffhausen, Toggenburg, etc.
Roosen, Runge M.: Die Goldschmiede der Stadt Bern. Bern 1951.

Spanien

16. Jh. Ausgabe einer königlichen Verordnung, nach der erlaubt wurde, Silber mit einem Feingehalt von 11 dineros 4 granos (= 930/1000) zu verarbeiten. Jeder Goldschmied mußte sein Zeichen haben. Den Stadtstempel prägte der sogenannte »marcador«.

1785 Nach diesem Jahr kann man auf einigen Stadtstempeln Jahreszahlen feststellen.

1881 Seit diesem Jahr wurde die Erzeugung von Silbergegenständen liberalisiert und war von zumeist niedrigem Feingehalt. Auf Wunsch des Verkäufers oder Käufers konnte der Feingehalt durch einen amtlichen Prüfer (Fiel contraste) beglaubigt werden. Es wurden zwei Arten von Feingehalt unterschieden:

1. Primera ley = mindestens
11 dineros = 916/1000;
2. Segunda ley = mindestens
9 dineros = 750/1000.

1934 Neue Stempel wurden eingeführt und der Feingehalt nach Tausendstel berechnet. Die Gegenstände wurden mit 2 Stempeln gekennzeichnet:
1. Stempel des Herstellers;
2. Feingehaltsstempel.

*Literatur:*Riano, J. F.: The Industrial Arts in Spain. London 1879.
Sanchez, J.: Orfebrería Murciana. 1950.
Sentach, N.: Bosquejo histórico sobre la orfebreria española. 1908.

Tschechoslowakei

1324   Ältester Bericht über eine Goldschmiedezunft in Prag.

1562   Ferdinand I. bestätigte das Zunftreglement der Prager Goldschmiede. Alle Gegenstände, die schwerer waren als ein halbes Pfund, mußten der Zunft zur Prüfung übergeben werden. Die Gegenstände mußten gekennzeichnet werden:

1. mit dem Stadtstempel;
2. mit dem Meisterstempel (meistens ein Monogramm).

1776   Neues Zunftreglement für die Prager Goldschmiede. Es wurde die Wahl dreier Meister für die Punzierung von Silbergegenständen festgelegt. Die Prager Goldschmiedezunft war eine sogenannte Landeszunft, d. h. alle Goldschmiede im Königreich Böhmen waren verpflichtet, ihre Vorschriften einzuhalten. Es war nur gestattet, 13lötiges Silber zu verarbeiten. Für einen niedrigeren Feingehalt wurde ein besonderer Stempel ausgegeben.

1785   Es wurde erlaubt, 15lötiges Silber zu verarbeiten, und ein neuer entsprechender Stempel eingeführt.

1788   Folgende Feingehalte für Silber wurden in Kraft gesetzt: 13 Lot (= 812,5/1000) und 15 Lot (= 937,5/1000). Die Punzierung führten ständig damit betraute Zunftmeister aus. Von nun an wurden die Gegenstände mit drei Stempeln gepunzt:

1. Meisterstempel;
2. Stempel mit dem böhmischen Löwen (für Prag), oder Stempel der Stadt, in der der Meister arbeitete;
3. Feingehaltsstempel.

1806   In den österreichischen Erbländern wurde die Punzierung von Edelmetallen grundsätzlich verändert: Die Stempelung ging von der Kompetenz der Zünfte in die Kompetenz des Staates über. (Einzelheiten über diese Regelung und weiterer Regelungen siehe Österreich.)

1921   Die alten österreichischen Stempel aus dem Jahr 1872 wurden abgeschafft und tschechoslowakische

Stempel eingeführt. Erlaubte Feingehalte: 950, 900, 800 und 750/1000.

1929   Einführung neuer Stempel und neuer Feingehalte: 959, 925, 900, 835 und 800/1000. Diese Stempel waren bis zum Jahr 1940 gültig.

Anmerkung: Die Slowakei als Teil des ehemaligen Österreich-Ungarns gehörte bis zum Jahr 1918 zu Ungarn und richtete sich nach den ungarischen Vorschriften.

Literatur: Hráský, J.: Značkováni výrobku z drahých kovu. In: Pražský sborník historický VIII. Praha 1973.
Schirek; C.: Die Punzierung in Mähren. Brno 1902.

Tunesien

1856–   In dieser Periode wurden die Gegenstände mit fol-
1905   genden Stempeln versehen:

    1. Feingehaltsstempel »Sekka« (= ca. 900/1000);
    2. Garantiestempel »Sahha«,
    3. Stempel »Khales« mit der Jahreszahl.

1878   Der Stempel des Prüfers wurde eingeführt (ein Stern), der beim Verkauf auf den Gegenstand geprägt wurde.

1905   Am 25. Juli wurden neue Stempel eingeführt und ein Feingehalt von 900 und 800/1000 festgesetzt. Diese Stempel waren bis zum Jahr 1942 gültig.

Türkei

Im Jahr 1844 wurde der Feingehalt 900/1000 eingeführt; bis zu diesem Datum wurde der Feingehalt 800/1000 benutzt. Die Prüfung war nicht obligatorisch, abgesehen davon, daß sie nicht immer genau war. Seit dem Jahr 1923 galten neue Stempel und der Feingehalt 900 und 800/1000. Die Stempel wurden in den Jahren 1928, 1938 und 1942 bei Beibehaltung des festgesetzten Feingehaltes aus dem Jahre 1923 verändert.

Ungarn

1500   Bis zum Jahr 1500 war die Punzierung in Ungarn nicht gebräuchlich. Auf einigen Gegenständen aus dem 14. und 15. Jahrhundert sind Punzen geprägt, aber ihre Bedeutung bzw. das Punzierungssystem sind bis heute noch nicht geklärt worden.

1504   Die älteste Vorschrift über die Punzierung in Ungarn erließ Wladislaw, König von Böhmen, Polen und Ungarn. Der Stempel wurde »signum communae czechae« genannt. Er wurde neben dem Meisterstempel geprägt. Aus dem Titel des Stempels geht hervor, daß die Zunft die Feingehaltskontrolle ausübte. Dieses System war auf dem Gebiet Ungarns (und der Slowakei) bis zum Jahre 1866 in Kraft.

1866   Am 1. August wurde ein neues Punzierungssystem eingeführt, das für das ganze Gebiet des ehemaligen Österreich-Ungarns (siehe Österreich) gültig war. Diese Stempel galten in Ungarn bis zum Jahre 1937.

Literatur: Köszeghy, E.: Merkzeichen der Goldschmiede Ungarns vom Mittelalter bis 1867. Budapest 1936.

USA

Die staatlichen Organe, ob es sich um koloniale, föderative oder die der einzelnen Staaten handelte, beaufsichtigten niemals das Handwerk und schrieben auch keinen bestimmten Feingehalt der verarbeiteten Edelmetalle vor. Demnach wurden auch keine Buchstaben verlangt, die den Gegenstand in einen bestimmten Zeitraum datierten (date letters). Die Städte New York und Boston hatten trotzdem die sogenannten Societes oder Guilds (eine Analogie zu den europäischen Zünften), in denen die Silberschmiede selbst ihre Zünfte leiteten. Offensichtlich hatten auch andere Städte der Vereinigten Staaten ähnliche Organisationen der Silberschmiede. In Baltimore wurde sogar ein Prüfungsamt für Edelmetalle gegründet (assay office), in dem gewählte Silberschmiedemeister die Aufsicht ausübten.

Die Stempel auf dem historischen amerikanischen Silber sind meistens nur Produzentenstempel, die entweder das Monogramm oder den vollen Namen des Silberschmiedes tragen. Manchmal wurde dieser Stempel durch den Ort, an dem der Produzent tätig war, oder mit einer Ziffer, die den Feingehalt des benutzten Edelmetalls anzeigte, ergänzt. Da Jahresbuchstaben nicht verlangt wurden, kann man den Gegenstand nur durch eine Analyse der benutzten Verzierung oder durch die wertende Einordnung des Stils des ganzen Gegenstandes datieren.

Stücke, die in neuerer Zeit entstanden, müssen mit dem Stempel des Produzenten und der Feingehaltszahl gekennzeichnet werden. Diese gibt den Feingehalt des Metalls mit einer Toleranz von 004/1000 an. Das Zeichen »Sterling« oder »Sterling Silver« weist auf einen Feingehalt von 925/1000 hin.

Bei der Identifizierung des amerikanischen Silbers muß man genau und sorgfältig den Meisterstempel feststellen, der in diesem Falle der einzige verläßliche Hinweis ist, da in vielen Fällen englische oder irische Erzeugnisse als amerikanische Arbeiten ausgegeben wurden. Der Fälscher hat selbstverständlich vor dem Verkauf alle amtlichen Stempel beseitigt und auf dem Gegenstand nur die Meisterpunze gelassen.

Literatur: Avery, L. C.: American Silver of the XVII. and XVIII. Centuries. New York 1920.

Ensko, S. G. C.: American Silversmith and their Marks. New York 1937.

Graham, Jr. J.: Early American Silvermarks. New York 1936.

Thorn, C. J.: Handbook of American Silver and Pewter Marks. New York 1949.

Tabelle der ehemaligen Bezeichnungen des Feingehaltes

1 Lot = 062,5/1000
12 Lot = 750/1000
13 Lot = 812,5/1000
14 Lot = 875/1000
15 Lot = 937,5/1000
16 Lot = 1000/1000

1 denier = 083,3/1000
8 deniers = 666,6/1000
9 deniers = 750/1000
10 deniers = 833,3/1000
11 deniers = 916,6/1000
12 deniers = 1000/1000

1 zolotnik = 010,4/1000
84 zolotniki = 875/1000
94 zolotniki = 980/1000
96 zolotniki = 1000/1000

9 dineros = 750/1000
11 dineros = 916,6/1000
12 dineros = 1000/1000

Einige Ratschläge für den Leser

1. Suchen Sie den Stempel nach dem Inhalt der bildlichen Darstellung. Identifizieren Sie sorgfältig den Stempel, und wenn Sie sich des Bildes im Stempel nicht sicher sind, suchen Sie unter ähnlichen Sujets. Seien Sie sich dessen bewußt, daß die Stempel größtenteils viele Variationen haben, die sich in Details voneinander unterscheiden können, und daß die Deutlichkeit der Stempel im Verlauf der Zeit abnimmt. Es gibt auch viele Punzen, die eine Reihe von Gegenständen oder Begriffen darstellen. Zu ihrer Entzifferung wenden Sie Ihre Aufmerksamkeit allen Motiven zu, die im Stempel gefunden werden können.

2. Wenn Sie den Stempel nach der Vorlage im Buch bestimmt haben, machen Sie sich noch mit dem Punzierungssystem des betreffenden Landes bekannt, das am Anfang des Buches angeführt ist. Ein Gegenstand wird meistens nicht mit nur einem Stempel gekennzeichnet, sondern mit mehreren Zeichen, deren Anzahl den örtlichen Vorschriften entspricht.

3. Da die internationale Untersuchung der Silberstempel bis heute noch nicht abgeschlossen ist, weicht die Fachliteratur in Details der Stempelabbildungen und Datenangaben oft voneinander ab. Der Autor stützte sich deshalb bei seiner Arbeit auf Quellen, die ihm am seriösesten schienen. Die Fachliteratur ist jeweils am Ende eines Länderabschnittes angeführt.

4. Zur Schreibweise geographischer Namen: Ausgegangen wird vom derzeitigen Stand der Staatsgrenzen – da sich die Staatsgrenzen im Lauf der Jahrhunderte oft veränderten. Die Städtenamen tragen ihre heutige Bezeichnung. Deutsche und historische Benennungen finden Sie im Register.

5. Unter Verwendung des Abkürzungsschemas wurde der Staat angeführt, zu dem der Ort heute gehört.

BILDTEIL

Abkürzungen der Staaten

A	Österreich
B	Belgien
BG	Bulgarien
CH	Schweiz
CS	Tschechoslowakei
D	Deutschland
DK	Dänemark
E	Spanien
EIR	Irland
ET	Ägypten
EW	Estland
F	Frankreich
GB	Großbritannien
H	Ungarn
I	Italien
LR	Lettland
LT	Litauen
N	Norwegen
NL	Niederlande
P	Portugal
PL	Polen
R	Rumänien
S	Schweden
SF	Finnland
SU	ehemalige UdSSR
TN	Tunesien
USA	Vereinigte Staaten von Amerika
YU	Jugoslawien

1
2

PARMA (I), 1818—1872,
*größere und kleinere Gegen-
stände*

3

PARIS (F), 1684—1687,
*contremarque-kleine Ge-
genstände*

4

AURICH (D), 19. Jahrhun-
dert

5

BELGIEN, 1869—1942,
*staatl. Feingehaltsstempel
900/1000, kleinere Gegen-
stände*

6

BELGIEN, 1869—1942,
*staatl. Feingehaltsstempel
800/1000, kleinere Gegen-
stände*

7

BELGIEN, 1869—1942,
*staatl. Feingehaltsstempel
900/1000, größere Gegen-
stände*

8

BELGIEN, 1869—1942,
*staatl. Feingehaltsstempel
800/1000, größere Gegen-
stände*

9

PARIS (F), Stempel „maison
commune" für das Jahr 1764

10

PARIS (F), 1744—1750,
charge

11

AUDENARDE (Oudenaarde)
(B), vom Beginn des 18.
Jahrhunderts

12		PARIS (F), Stempel „maison commune" für das Jahr 1644
13		PARIS (F), 1750—1756, *charge*
14		PARIS (F), 1704—1712, *charge*
15		PARIS (F), 1727—1732, *charge*
16		PARIS (F), 1727—1732, *charge*
17		PARIS-GÉNÉRALITÉ (F), *(Steuerdistrikt),* 1756—1762, *charge*
18		PARIS (F), 1768—1774, *charge, große Gegenstände*
19		PARIS-GÉNÉRALITÉ (F), (Steuerdistrikt), 1756—1762, *charge*
20		PARIS-GÉNÉRALITÉ (F), (Steuerdistrikt), 1780—1791, *charge*
21		PARIS (F), 1713—1717, *charge*

22		PARIS (F), 1756—1762, *charge, große Gegenstände*
23		PARIS (F), 1713—1717, *charge*
24		PARIS (F), 1738—1744, *charge*
25		PARIS (F), 1762—1768, *charge, große Gegenstände*
26		PARIS-GÉNÉRALITÉ (F), (Steuerdistrikt), 1780—1791, *charge, große Gegenstände*
27		PARIS (F), 1781—1789, *charge, große Gegenstände*
28		PARIS (F), 1775—1781, *charge, große Gegenstände*
29		PARIS (F), 1783, *charge, große Gegenstände*
30		PARIS (F), 1732—1738, *charge*
31		PARIS (F), 1722—1727, *charge, große Gegenstände*

32		PARIS (F), 1717—1722, *charge*
33		METZ (F), 1780—1791, *charge, große Gegenstände*
34		METZ (F), 1774—1780, *charge, große Gegenstände*
35		PARIS (F), 1704—1712, *décharge*
36		PARIS (F), 1713—1717, *décharge*
37		SALINS (F), 1784
38		PARIS (F), 1684—1687, *kleine Gegenstände*
39		PARIS (F), 1687—1691, *charge, große Gegenstände*
40		PARIS (F), 1691—1698 *décharge*
41		PARIS (F), 1691—1698, *décharge, kleine Gegenstände*

42		PARIS (F), 1691—1698, *charge*
43		PARIS (F), 1697—1703, *charge, große Gegenstände*
44		ROUEN (F), 1780—1789, *charge, Miniaturgegenstände*
45		PARIS (F), 1687—1691, *Kontrollstempel*
46		VÄSTERÅS (S), 17.—19. Jahrhundert
47		PARIS (F), 1684—1687, *contremarque, größere Gegenstände*
48		PARIS (F), 1684—1687, *ältere Gegenstände*
49		PARIS (F), 1677—1680, *charge, große Gegenstände*
50		PARIS (F), 1680—1684, *charge, große Gegenstände*
51		MANTES (F), 1748

52		PARIS (F), 1684—1687, *charge, große Gegenstände*
53		PARIS (F), 1684—1687, *charge, kleine Gegenstände*
54		PARIS (F), 1677—1680, *charge, große Gegenstände*
55		MEAUX (F), 1750
56 57 58		UNGARN 1937—1965 *Ausfuhrstempel, Feingehalt 935/1000, 900/1000, 800/1000*
59		ALINGSÅS (S), Mitte des 18. Jahrhunderts
60		USA, Buel, Abel, 1742—1825, *New Haven, Conn.*
61		USA, Bancker, Adrien, 1703—1772, *New York, N. Y.*
62		ABERDEEN (GB), 17.—18. Jahrhundert, *viele Varianten*
63		ABERDEEN (GB), 18. Jahrhundert, *viele Varianten*

64		USA, Collins, Arnold, 1690, *Newport, R. I.*
65		USA, Camman, Alexander, 1813, *Albany, N. Y.*
66		USA, Cole, Albert, 1844, *New York, N. Y.*
67		CAEN (F), 1780—1791, *charge, Miniaturgegenstände*
68		MONS (BERGEN) (B), 17.—18. Jahrhundert
69		SPANIEN, vom Jahr 1934, *Ausfuhrstempel*
70		AGUILAR (E), 17. Jahrhundert
71		USA, Portram, Abraham, 1727, *New York, N. Y.*
72		L'AQUILA (I), 15. Jahrhundert
73		L'AQUILA (I), 16. Jahrhundert
74		USA, Andras & Richard, 1797, *New York, N. Y.*

| 75 | | AARHUS (DK),
17. Jahrhundert |

| 76 | | BAYONNE (F), 1780—1789,
charge, Miniaturgegenstände |

| 77 | | AMIENS (F), 1780—1790
charge, Miniaturgegenstände |

| 78 | | USA, Tyler, Andrew,
1692—1741, *Boston,*
Mass. |

| 79
80 | | ÖSTERREICH-UNGARN,
1872—1902,
Einfuhrstempel |

Die Bedeutung des
Buchstabens in dem
Stempel:
A — Wien (A)
B — Linz (A)
C — Praha (CS)
D — Brno (CS)
E — Kraków (PL)
F — Lwow (SU)
G — Graz (A)
H — Bregenz (A)
K — Klagenfurt (A)
L — Ljubljana (YU)
M — Trieste
P — Pest (H)
R — Košice (CS)
T — Timişoara (R)
U — Alba Julia (R)
V — Zagreb (YU)

BUCHSTABE **B**

| 81
82 | | PIACENZA (I), 1818—1872,
größere und kleinere
Gegenstände |

83		BAMBERG (D), 17.—18. Jahrhundert

| 84 | | ÖSTERREICH-UNGARN,
1806—1809,
Repunzierungsstempel für
kleine Gegenstände
Die Bedeutung des
Buchstabens im Stempel:

A — Wien (A)
B — Praha (CS)
C — Salzburg (A)
D — Lwow (SU)
E — Kraków (PL)
F — Brno (CS)
G — Linz (A)
H — Graz (A)
I — Klagenfurt (A)
K — Ljubljana (YU)
L —Trieste |

| 85 | | BRZEG (PL),
18. Jahrhundert |

| 86 | | BRUGGE (B), ungefähr um
das Jahr 1660 |

| 87 | | BORÅS (S), 1745 |

| 88 | | USA, Besley Thanvet 1727,
New York, N. Y. |

| 89 | | BESANÇON (F),
18. Jahrhundert |

| 90 | | ROUEN (F), 1698, *charge* |

91		PAU (F), 18. Jahrhundert
92		TROYES (F), 1774—1780
93		PARIS (F), Stempel „maison commune" für das Jahr 1695
94		PARIS (F), Stempel „maison commune" für das Jahr 1695
95		SENS (F), 1749
96		PARIS (F), Stempel „maison commune" für das Jahr 1670
97		PARIS (F), Stempel „maison commune" für das Jahr 1742
98		ROUEN (F), 1698, *charge*
99		BORDEAUX (F), 1780—1789, *charge, Miniaturgegenstände*
100		BOURGES (F), 1780—1789, *charge, Miniaturgegenstände*

101		ROUEN (F), 1780—1789, *charge, große Gegenstände*
102		ROUEN (F), 1774—1780, *charge, große Gegenstände*
103		PARIS (F), Stempel ‚maison commune' für das Jahr 1507
104		ROUEN (F), 1768—1774, *charge*
105		BESANÇON (F), Ende des 17. Jahrhunderts
106		MANTES (F), 1756
107		ÉTAMPES (F), 1762
108		VERSAILLES (F), 1746
109		BRAGA (P), 1886—1888
110		BARCELONA (E), 16.—17. Jahrhundert

111		BARCELONA (E), 16.—17. Jahrhundert
112		BARCELONA (E), 15. Jahrhundert
113		USA, Onclebagh, Garrett, 1698, *New York, N. Y.*
114		USA, Hiller, Benjamin, 1687 *Boston, Mass.*
115		USA, Hurd, Benjamin, 1739—1781, *Boston, Mass.*
116		USA, Brevoort, John, 1715—1775, *New York, N. Y.*
117		USA, Bartholomew Le Roux, 1688—1713, *New York, N. Y.*
118		USA, Brower and Rusher, 1834, *New York, N. Y.*
119		BREVIK (N), 18. Jahrhundert
120		BURGOS (E), 16. Jahrhundert
121		USA, Webb, Barnebus, 1762, *Boston, Mass.*
122		USA, Ward, B. 1729—1777, *Guilford, Conn.*

123		USA, Beach and Ward, 1789—1795, *Hartford, Conn.*
124		BOURGES (F), 1774—1780, *charge, Miniaturgegenstände*
125		BORDEAUX (F), 1774—1780, *charge, Miniaturgegenstände*
126		BAMBERG (D), Mitte des 18. Jahrhunderts

127

GALIZIEN (unter der Verwaltung des ehem. Österreich-Ungarns), 1787—1806
Die Bedeutung des Buchstabens im Stempel:
A — Myślenice (PL)
B — Bochnia (PL)
C — Nowy Sącz (PL)
D — Tarnów (PL)
E — Dukla (PL)
F — Rzeszów (PL)
G — Lesko (PL)
H — Sambor (SU)
I — Przemyśl (PL)
K — Zamość (PL)
L — Scholkiew (SU)
M — Brody (SU)
N — Lwow (SU)
O — Berezany (SU)
P — Stry (SU)
Q — Iwano-Frankowsk (Stanislaw) (SU)
R — Zaleschtschiki (SU)
S — Ternopol (SU)
T — Tschernowzy (SU) (1789—1806)

BUCHSTABE **C**

| 128 | | KULMBACH (D), 16.—17. Jahrhundert |

129		KARLSTAD (S), 18.—19. Jahrhundert
130		CAEN (F), 1744—1750, *charge, große Gegenstände*
131		PARIS (F), Stempel „maison commune" für das Jahr 1743
132		BESANÇON (F), 1764
133		CAEN (F), 1774—1780, *charge, große Gegenstände*
134		CAEN (F), 1780—1791, *charge, große Gegenstände*
135		KRISTIANSTAD (S), 18.—19. Jahrhundert
136		OSLO (N), 1624 — ca. 1820, die Ziffer bedeutet das Jahr, hier z. B. das Jahr 1747; nach dem Jahr 1712 manchmal alle Ziffern der Jahreszahl
137		CALATAYUD (E), 16. Jahrhundert
138		CASTELLÓN DE LA PLANA (E), 16.—17. Jahrhundert
139		USA, Le Roux, Charles, 1689—1745, *New York, N. Y.*

140		USA, Candell, Charles, 1795, *New York, N. Y.*
141		USA, Charters, Cann and Dunn, 1850, *New York, N. Y.*
142		CERVANTES oder CERVERA (E), 15.—17. Jahrhundert
143		CAEN (F), 1774—1780, *charge, Miniaturgegenstände*
144		USA, Kiersteade, Cornelius, 1753, *New York, N. Y.*
145		LARVIK (N), 18. Jahrhundert
146		USA, Boehme Charles L., 1774—1868, *Baltimore, Md.*
147		CÓRDOBA (E), 15.—16. Jahrhundert
148		USA, Cleveland & Post, 1815, *Norwich, Conn.*
149		USA, Forbes, Collins V. G., 1816, *New York, N. Y.*
150		GRENOBLE (F), 1775—1780, *charge, Miniaturgegenstände*

151		DESSAU (D), 18.—19. Jahrhundert
152		LYON (F), 1688—1703, charge
153		PARIS (F), Stempel „maison commune" für das Jahr 1744
154		BESANÇON (F), 1765
155		DIJON (F), 1780—1791, *charge, Miniaturgegenstände*
156		LYON (F), 1780—1791, *charge, große Gegenstände*
157		LYON (F), 1775—1780, *charge, große Gegenstände*
158		LYON (F), 1762—1768, *charge*
159		LYON (F), 1768—1775, *charge, große Gegenstände*

160	LYON (F), 1756—1762, *charge*
161	LYON (F), 17. Jahrhundert, *charge*
162	USA, Boyer, Daniel, 1726—1779, *Boston, Mass.*
163	USA, Bayley & Douglas, 1789, *New York, N. Y.*
164	USA, Dupuy & Sons, 1784, *Philadelphia, Pa.*
165	USA, Jesse, David, 1670—1705, *Boston, Mass.*
166	USA, Maverick, D., 1828, *New York, N. Y.*
167	USA, Downing, Phelps, 1810, *New York, N. Y.*
168	VERSAILLES (F), 1770

BUCHSTABE E

| 169 | ERFURT (D), 16.—18. Jahrhundert, veränderliche Stempelform |

170		TOURS (F), 1768—1774, *charge*
171		PARIS (F), Stempel „maison commune" für das Jahr 1745
172		PARIS (F), Stempel „maison commune" für das Jahr 1721
173		TOURS (F), Beginn des 18. Jahrhunderts, *charge*
174		TOURS (F), 1751—1756, *charge*
175		PARIS (F), Stempel „maison commune" für das Jahr 1673
176		PARIS (F), Stempel „maison commune" für das Jahr 1649
177		PARIS (F), 1704—1712, *contremarque-recense*
178		BESANÇON (F), 1768

179		TOURS (F), 1774—1780, *charge, große Gegenstände*
180		TOURS (F), 1780—1789, *charge, große Gegenstände*
181		PARIS (F), 1749—1774, *Einfuhrstempel*
182		PARIS (F), Stempel „maison commune" für das Jahr 1745
183		BESANÇON (F), 1794—1797
184		TOURS (F), 1762—1768, *charge*
185		PARIS (F), 1749—1774, *Einfuhrstempel*
186		EMDEN (D), 1820
187		PARIS (F), Stempel „maison commune" für das Jahr 1511

188		BELGIEN, 1831—1869, *Einfuhrstempel*
189		EKSJÖ (S), Beginn des 18. Jahrhunderts
190		USA, Brasher, Ephriam, 1766, *New York, N. Y.*
191		USA, Buer, Esekiel, 1764—1846,. *Providence R. I.*
192		USA, Hart, Eliphaz, 1789—1866, *Norwich, Conn.*
193		USA, Hitshcock, Eliakim, 1752, *Boston, Mass.*
194		USA, Eoff, Edgar M., 1735—1758, *New York, N. Y.*
195		SCHWEIZ, „Poincon de Notoriété", eine Nachahmung der französischen Stempel des 18. Jahrhunderts
196		USA, Pear, Edward, 1836, *Boston, Mass.*
197		USA, Eoff & Phyfe, 1844, *New York, N. Y.*
198		ITALIEN, 1810—1872, *Einfuhrstempel*

199	ASTORGA (E), 16. Jahrhundert
200	FRANKREICH, 1798—1809, *Einfuhrstempel für kleine* *Gegenstände*
201	ÉVORA (P), 18.—19. Jahrhundert
202	VERSAILLES (F), 1775
203	MELUN (F), zweite Hälfte des 18. Jahrhunderts
204	USA, Winslow, Edward, 1669—1753, *Boston, Mass.*

BUCHSTABE **F**

205	FORSSA (SF), bis zum Jahr 1943
206	FREIBERG (D), 17. Jahrhundert
207	PARIS (F), Stempel „maison commune" für das Jahr 1746
208	PARIS (F), Stempel „maison commune" für das Jahr 1769

209		FIRENZE (I), 18. Jahrhundert
210		BESANÇON (F), 1767
211		PARIS (F), Stempel ‚maison commune' für das Jahr 1722
212		ANGERS (F), 1780—1789, *charge*
213		CHARTRES (F), 1747
214		PARIS (F), Stempel „maison commune" für das Jahr 1674
215		PARIS (F), Stempel „maison commune" für das Jahr 1722
216		USA, Fletcher & Bardiner, 1812, *Philadelphia, Pa.*
217		USA, Frost & Mumford, 1810, *Providence, R. I.*
218		USA, Richardson, Francis, 1718, *Philadelphia, Pa.*

| 219 | FREDRIKSSTAD (N), zweite Hälfte des 17. Jahrhunderts |
| 220 | PREUSSEN, Steuerstempel seit dem 12. 2. 1809 für Gegenstände, die vor diesem Datum erzeugt wurden |

BUCHSTABE **G**

221	GÄVLE (S), 18.—19. Jahrhundert
222	PARIS (F), Stempel „maison commune'' für das Jahr 1723
223	GENT (B), 18. Jahrhundert
224	GOTHA (D) 17. Jahrhundert
225	GÖTEBORG (S), 19. Jahrhundert
226	POITIERS (F), 1680
227	PARIS (F), Stempel „maison commune'' für das Jahr 1675

228		GUIMARÃES (P), Ende des 18. Jahrhunderts
229		POITIERS (F), 1774—1780, *charge, große Gegenstände*
230		POITIERS (F), 1755
231		POITIERS (F), 1780—1791, *charge, große Gegenstände*
232		GÄVLE (S), Ende des 17. Jahrhunderts
233		GRENOBLE (F), 1780—1791 *charge, Miniaturgegenstände*
234		USA, Bardick, George, 1790, *Philadelphia, Pa.*
235		GÖTEBORG (S), 17.—18. Jahrhundert
236		GERONA (E), 16. Jahrhundert
237		USA, Hanners, George, 1697, *Boston, Mass.*

238	USA, Lewyn, Gabriel, 1771, *Baltimore, Md.*
239	USA, Stephens, George, 1790, *New York, N. Y.*
240	USA, Tyler, George, 1740—1785, *Boston, Mass.*
241	GÖRLITZ (D), 18. Jahrhundert
242	PARIS-GÉNÉRALITÉ (F), (Steuerdistrikt) 1780—1791, *charge, Miniaturgegenstände*

BUCHSTABE H

243	HÄRNÖSAND (S), 18.—19. Jahrhundert
244	HÄRNÖSAND (S), 18.—19. Jahrhundert
245	PARIS (F), Stempel „maison commune" für das Jahr 1771
246	PARIS (F), Stempel „maison commune" für das Jahr 1724
247	LA ROCHELLE (F), 1780—1791, *charge, große Gegenstände*

248		LA ROCHELLE (F), 1774—1780, *charge große Gegenstände*
249		HAPARANDA (S), 19. Jahrhundert
250		USA, Andrews, Henry, 1795, *Philadelphia, Pa.*
251		HEILBRONN (D), Beginn des 18. Jahrhunderts
252		USA, Boelen, Henricus, 1684—1755, *New York N. Y.*
253		USA, Hurst, Henry, 1665—1717, *Boston, Mass.*
254		USA, Hall & Hewson, 1819, *Albany, N. Y.*
255		USA, Loring, Henry, 1773—1818, *Boston, Mass.*
256		USA, Hays & Myers, 1770, *New York, N. Y.*
257		USA, Pitkin, Henry, 1834, East Hartford, Conn.
258		USA, Traux, Henry R., 1815, *Albany, N. Y.*

259		KARKKILA (SF), bis zum Jahr 1943

260		IISALMI (SF), bis zum Jahr 1943
261		PARIS (F), 1677—1680, *charge, große Gegenstände*
262		PARIS (F), Stempel ‚maison commune' für das Jahr 1725
263		LIMOGES (F), 1774—1780, *charge, große Gegenstände*
264		LIMOGES (F), 1780—1791, *charge, große Gegenstände*
265		USA, Adam I., 1800, *Alexandria, Va.*
266		USA, Benjamin, John, 1731—1796, *Stratford, Conn.*
267		USA, Burt, John, 1691—1745, *Boston, Mass.*
268		USA, Boelen, Jacob, 1773, *New York, N. Y.*

269		USA, Carman, John, 1771, *Philadelphia, Pa.*
270		USA, Clark, I., 1754, *Boston, Mass.*
271		USA, Coney, John, 1655—1722, *Boston, Mass.*
272		USA, Coney, John, 1655—1722, *Boston, Mass.*
273		USA, Coddington, John, 1690—1743, *Newport, R. I.*
274		USA, Dixwell, John, 1680—1725, *Boston, Mass.*
275		USA, David, John, 1736—1794, *Philadelphia, Pa.*
276		USA, Davenport, Jonathan, 1789—1801, *Baltimore, Md.*
277		USA, Edwards, John, 1700, *Boston, Mass.*
278		USA, Edwards, John, 1700, *Boston, Mass.*
279		USA, Goldthwaite, Joseph, 1706—1780, *Boston, Mass.*

280		USA, Lansing, Jacob B., 1736, *Albany, N. Y.*
281		USA, Hull, John, 1624—1683, *Boston, Mass.*
282		USA, Hastier, John, 1726, *New York, N. Y.*
283		USA, Inch, John, 1720—1763, *Annapolis, Md.*
284		IKAALINEN (SF), bis zum Jahr 1943
285		USA, Keeler, Joseph, 1786—1824, Norwalk, Conn.
286		ILMAJOKI (SF), bis zum Jahr 1943
287		USA, Lyng, John, 1734, *Philadelphia, Pa.*
288		USA, Denise, John, 1698, *Philadelphia, Pa.*
289		USA, Noyes, John, 1695, *Boston, Mass.*

290		TSCHECHOSLOWAKEI, Vorratsstempel aus dem Jahr 1929 für Feingehalt 950—650/1000
291		USA, Perkins, Isaac, 1707, *Charlestown, Mass.*
292		USA, Reed, Jonathan, 1725—1740, *Boston, Mass.*
293		USA, Wagster, Isaiah, 1776—1793, *Baltimore, Md.*

BUCHSTABE **J**

294		USA, Anthony, Joseph and Sons, 1810, *Philadelphia, Pa.*
295		USA, Boyce, John, 1801, *New York, N. Y.*
296		USA, Crosby, Jonathan, 1743—1769, *Boston, Mass.*
297		USA, Denise, John, 1798, *New York, N. Y.*
298		DIJON (F), 1774—1780, *charge, Miniaturgegenstände*
299		USA, Moulton, Joseph II., 1757, *Newburyport, Mass.*

300		USA, Phillipe, Joseph, 1796, *Baltimore, Md.*
301		USA, Warner, Joseph P., 1811—1862, *Baltimore, Md.*
302		USA, Blackman, John Starr, 1777—1851, *Danbury, Conn.*
303		USA, Wendover, John, 1694, *New York, N. Y.*
304		USA, Boyd, Joseph W., 1820, *New York, N. Y.*
305		USA, Faulkner, J. W., 1835, *New York, N. Y.*

BUCHSTABE **K**

306		KARLSHAMN (S), erste Hälfte des 18. Jahrhunderts
307		PARIS (F), Stempel ,,maison commune'' für das Jahr 1750
308		PARIS (F), Stempel ,,maison commune'' für das Jahr 1773
309		PARIS (F), Stempel ,,maison commune' für das Jahr 1726

310	BORDEAUX (F), 1744—1750, *charge*
311	PARIS (F), 1677—1680, *charge, große Gegenstände*
312	KØGE (DK), 18. Jahrhundert
313	LILLE (F), 1750, *Jahresbuchstabe*
314	LILLE (F), 1776
315	BORDEAUX (F), 1756—1762, *charge*
316	BORDEAUX (F), 1738—1744, *charge*
317 318	BORDEAUX (F), 1768—1774, *charge*
319	PARIS (F), Stempel „maison commune" für das Jahr 1726

320		BORDEAUX (F), 1698—1703, *charge*
321		BORDEAUX (F), 1774—1780, *charge*
322		BORDEAUX (F), 1780—1789, *charge, große* *Gegenstände*
323		PARIS (F), Stempel „maison commune" für das Jahr 1515
324		BORDEAUX (F), 1672—1680, *charge*
325		KUNGSBACKA (S), 18.—19. Jahrhundert
326		USA, Krider & Biddle, 1830, *Philadelphia, Pa.*
327		USA, Ten Eyck, Koenraet, 1678—1735, *New York, N. Y.*
328		BORDEAUX (F), 1691—1698, *charge*
329		KIEW (SU), 1735—1774

330		KOTKA (SF), bis zum Jahr 1943
331		KASKINEN (SF), bis zum Jahr 1943
		BUCHSTABE L
332		LIEKSA (SF) und LOHJA (SF), bis zum Jahr 1943
333		LOVIISA (SF), bis zum Jahr 1943
334		LEIPZIG (D), 16. Jahrhundert bis zum Beginn des 18. Jahrhunderts, *mehrere Varianten*
335		OŁAWA (PL) 17.—18. Jahrhundert
336		LISBOA (P), 1881—1887, *Mindestfeingehalt 750/1000*
337		LISBOA (P), 1881—1887, *Mindestfeingehalt 750/1000*
338		PARIS (F), Stempel „maison commune" für das Jahr 1752
339		LISBOA (P), 18.—19. Jahrhundert

340		LISBOA (P), Ende des 17. Jahrhunderts
341		LISBOA (P), 17.—18. Jahrhundert
342		BAYONNE (F), 1774—1780, *charge, große Gegenstände*
343		LYON (F), 1780—1791, *charge, Miniaturgegenstände*
344		TOURS (F), 1738—1744, *charge*
345		BAYONNE (F), Mitte des 18. Jahrhunderts, *charge*
346		LAPUA (SF), bis zum Jahr 1943
347		USA, Bailey, Loring, 1780, *Hingham, Mass.*
348		LEÓN (E), 18. Jahrhundert
349		USA, Lincoln & Green, 1810, *Boston, Mass.*

350		LAHTI (SF), bis zum Jahr 1943
351		BAYONNE (F), 1780—1789, *charge, große Gegenstände*
352		VERSAILLES (F), 1780—1789, *charge, große Gegenstände*
353		LOIMAA (SF), bis zum Jahr 1943
354		POTSDAM (D), 18. Jahrhundert, *Feingehaltsstempel*
355		USA, Wells, Lemuel, 1791, *New York, N. Y.*
356		POITIERS (F), 1774—1780, *charge, Miniaturgegenstände*
357		LA ROCHELLE (F), 1774—1780, *charge, kleine Gegenstände*
358		VERSAILLES (F), 1780—1789, *charge, mittelgroße Gegenstände*
359		LIMOGES (F), 1780—1791, *charge, Miniaturgegenstände*

360	PARIS (F), 1783, *charge,* *Miniaturgegenstände*
361	PARIS (F), 1781—1789, *charge, mittelgroße* *Gegenstände*
362	LISBOA (P), 1886—1888

BUCHSTABE M

363	MAARIANHAMINA (SF), bis zum Jahr 1943
364	MALMKÖPING (S), 19. Jahrhundert
365	TOULOUSE (F), 16.—17. Jahrhundert, *charge*
366	PARIS (F), Stempel „maison commune" für das Jahr 1775
367	PARIS (F), Stempel „maison commune" für das Jahr 1752
368 369	MEXIKO, 1770, *für die Dauer* *der spanischen Okkupation*

79

370		TOULOUSE (F), 16.—17. Jahrhundert, *charge*
371 372		PALMA DE MALLORCA (E), 1881—1934, *für große* *Gegenstände; für kleine* *Gegenstände*
373		METZ (F), 1780—1791, *charge, kleine Gegenstände*
374		TOULOUSE (F), 1768—1774, *charge*
375		TOULOUSE (F), 1768—1774, *charge*
376		TOULOUSE (F), 1774—1780, *charge große* *Gegenstände*
377		TOULOUSE (F), 1780—1789, charge, große Gegenstände
378		TOULOUSE (F), 16.—17. Jahrhundert, *charge*
379		PARIS (F), Stempel „maison commune" für das Jahr 1517

380		ANGERS (F), 1768—1774, *charge*
381		MANTES (F), 1743
382		TOULOUSE (F), 16.—17. Jahrhundert, *charge*
383		MALTA, 1623—1636
384		MEAUX (F), 1750, *der mittlere Buchstabe ändert sich mit wechselnder Jahreszahl*
385		MEAUX (F), 1778, *der mittlere Buchstabe ändert sich mit wechselnder Jahreszahl*
386		MEAUX (F), 1778, *der mittlere Buchstabe ändert sich mit wechselnder Jahreszahl*
387 388		ÖSTERREICH-UNGARN, 1872—1922 *(im Gebiet der Republik Österreich), Punze für unechte Metalle, oder für niedrigen nicht vorgeschriebenen Feingehalt*
389		MARIEFRED (S), 18. Jahrhundert

390		USA, Jarvis, Munson, 1742—1824, *Stamford, Conn.*
391		USA, Lamar, Mathias, 1790, *Philadelphia, Pa.*
392		USA, Merriman Marcus & Co., 1817, *New Haven, Conn.*
393		USA, McFee & Reeder, 1796, *Philadelphia, Pa.*
394		METZ (F), 1774—1780, *charge, Miniaturgegenstände*
395		AMIENS (F), 1774—1780, *charge, Miniaturgegenstände*
396		LIMOGES (F), 1774—1780, *charge, Miniaturgegenstände*
397		ORLÉANS (F), 1780—1791, *charge* *Miniaturgegenstände*
398		LYON (F), 1775—1780, *charge, Miniaturgegenstände*
399		BAYONNE (F), 1774—1780, *charge* *Miniaturgegenstände*

400		NÜRNBERG (D), 1700—1750
401		PARIS (F), Stempel „maison commune" für das Jahr 1682
402		PARIS (F), Stempel „maison commune" für das Jahr 1753
403		NÜRNBERG (D), 19. Jahrhundert
404		PARIS (F), Stempel „maison commune" für das Jahr 1729
405		NÜRNBERG (D), bis Mitte des 16. Jahrhunderts
406		NANTES (F), 1762—1769, *charge*
407		NANTES (F), 1769—1784, *charge*
408		NAPOLI (I), 18. Jahrhundert, *mit wechselnder Jahreszahl, hier das Jahr 1716*

409		NAPOLI (I), 16. Jahrhundert
410		NAESTVED (DK), 17.—18. Jahrhundert
411		USA, Morse, Nathaniel, 1709, *Boston, Mass.*

BUCHSTABE O

412		OSTERODE (D), 17.—18. Jahrhundert
413		PARIS (F), Stempel „maison commune" für das Jahr 1707
414		PARIS (F), Stempel „maison commune" für das Jahr 1777
415		RIOM (F), 1774—1780, *charge, große Gegenstände*
416		RIOM (F), 1780—1789, *charge, große Gegenstände*
417		MONTEREAU (F), 1768—1774, *contremarque*

418		OSTERODE (D), 19. Jahrhundert
419		OCHSENFURT (D), 17. Jahrhundert
420		USA, De Parisien, Otto Paul, 1763, *New York, N. Y.*
421		USA, Parisien O. & Son, 1789, *New York, N. Y.*
422		ORLÉANS (F), 1774—1780, *charge, Miniaturgegenstände*
423		TOURS (F), 1774—1780, *charge, Miniaturgegenstände*
424		RIOM (F), 1774—1780, *charge, kleine Gegenstände*

BUCHSTABE **P**

425		PORTO (P), 18. Jahrhundert
426		PORTO (P), Mitte des 16. Jahrhunderts
427		DIJON (F), 1756—1759, *charge*

428		NANTES (F), 1746, *charge*
429		PORTO (P), 1881—1887, *niedrigster Feingehalt 750/1000*
430		PORTO (P), 1886—1888
431		PORTO (P), seit dem Jahr 1891, *Kontrollstempel für Silberuhren*
432		PARIS (F), Stempel „maison commune" für das Jahr 1789
433		PARIS (F), Stempel „maison commune" für das Jahr 1788
434		DIJON (F), 1775—1780, *charge, große Gegenstände*
435		DIJON (F), 1780—1791, *charge, große Gegenstände*
436		DIJON (F), 1691—1698, *charge*
437		PARIS (F), Stempel „maison commune" für das Jahr 1788

438	PARIS (F), Stempel „maison commune" für das Jahr 1784
439	DIJON (F), 1756—1759, *charge*
440	DIJON (F), 1759—1762, *charge*
441	PARIS (F), Stempel „maison commune" für das Jahr 1785
442	DIJON (F), 1732—1744, *charge*
443	DIJON (F), 1759—1762, *charge*
444	PARIS (F), Stempel „maison commune" für das Jahr 1786
445	DIJON (F), 1726—1732, *charge*
446	PARIS (F), Stempel „maison commune" für das Jahr 1787
447	POITIERS (F), 1780—1791, *charge, Miniaturgegenstände*

448		DIJON (F), 17. Jahrhundert, *charge*
449		DIJON (F), 1750—1756
450		PARIS (F), Stempel „maison commune" für das Jahr 1787
451		PARIS (F), Stempel „maison commune" für das Jahr 1784
452		PARIS (F), Stempel „maison commune" für das Jahr 1785
453		PARIS (F), Stempel „maison commune" für das Jahr 1786
454		PARIS (F), Stempel „maison commune" für das Jahr 1789
455		PAU (F), Beginn des 18. Jahrhunderts
456		USA, Bradley, Phineas, 1745—1797, *New Haven, Conn.*
457		USA, David, Peter, 1707—1755, *Philadelphia, Pa.*

458		BUDAPEST (H), 19. Jahrhundert, *für Silberbeschläge der Pfeifen*
459		USA, Feurt, Peter, 1731, *New York, N. Y.*
460		LENINGRAD (SU), 1873—1896, *mit wechselnder Jahreszahl*
461		USA, Parry & Musgrave, 1793, *Philadelphia, Pa.*
462		USA, Oliver, Peter, 1709, *Boston, Mass.*
463		USA, Perreaux, Peter, 1797, *Philadelphia, Pa.*
464		USA, Quintard, Peter, 1731, *New York N. Y.*
465		USA, Revere, Paul Sr., 1702—1754, *Boston, Mass.*
466		USA, Revere, Paul, 1735—1818, *Boston, Mass.*
467		USA, Revere, Paul, 1735—1818, *Boston, Mass.*
468		USA, Syng, Philip, 1703—1789, *Philadelphia, Pa.*

469		PARIS (F), 1775—1781, *charge, kleine Gegenstände*
		BUCHSTABE Q
470		PARIS (F), Stempel „maison commune" für das Jahr 1709
471		BESANÇON (F), 1777
472		PARIS (F), Stempel „maison commune" für das Jahr 1650
473		PARIS (F), Stempel „maison commune" für das Jahr 1732
		BUCHSTABE R
474		PARIS (F), Stempel „maison commune" für das Jahr 1780
475		PARIS (F), Stempel „maison commune" für das Jahr 1733
476		LILLE (F), 1755, Jahreszeichen
477		ORLÉANS (F), 1762, *charge*

478		ROSKILDE (DK), 18. Jahrhundert
479		BESANÇON (F), 1778
480		ORLÉANS (F), 1780—1791, *charge, große Gegenstände*
481		ORLÉANS (F), 1774—1780, *charge, große Gegenstände*
482		ORLÉANS (F), 1732, *charge*
483		ORLÉANS (F), 1751—1762, *charge*
484		RENNES (F), 1780—1789, *charge, Miniaturgegenstände*
485		RIOM (F), 1780—1789, *charge, Miniaturgegenstände*
486		ORLÉANS (F), 1768—1774, *charge*
487		BELGIEN, 1831, „recense" — *eingeführt beim Übergang von der holländischen auf belgische Punzierung*

488		ROSTOCK (D), Ende des 16. Jh. und 17. Jahrhundert
489		BELGIEN, 1831, „recense" — eingeführt beim Übergang von der holländischen auf belgische Punzierung
490		USA, Brookhouse, Robert, 1750, Salem, Mass.
491		USA, Coyners, Joseph, 1708, Boston, Mass.
492		USA, Douglas, Robert, 1776, New London, Conn.
493		USA, Greene, Rufus, 1707—1777, Boston, Mass.
494		USA, Grignon, Rene, 1715, Norwich, Conn.
495		USA, Riggs and Griffith, 1816, Baltimore, Md.
496		ROVANIEMI (SF), bis zum Jahr 1943
497		USA, Sanderson, Robert, 1693, Boston, Mass.
498		USA, Vincent, Richard, 1799, Baltimore, Md.

499		USA, Wilson, Robert, 1816, *New York, N. Y.*
500		LA ROCHELLE (F), 1780—1791, *charge, Miniaturgegenstände*
501		RENNES (F), 1774—1780, *charge, Miniaturgegenstände*
502		ROUEN (F), 1774—1780, *charge, Miniaturgegenstände*

BUCHSTABE **S**

503		SALZBURG (A), 16.—17. Jahrhundert
504		SALZBURG (A), 18. Jahrhundert
504		SKIEN (N), zweite Hälfte des 18. Jahrhunderts
506		SKÖVDE (S), 18. Jahrhundert
507		PARIS (F), Stempel „maison commune" für das Jahr 1758
508		PARIS (F), Stempel „maison commune" für das Jahr 1781

509	STOCKHOLM (S), 1500—1600
510	SENLIS (F), 1723
511	PARIS (F), Stempel „maison commune" für das Jahr 1734
512	LILLE (F), 1755, *Jahresbuchstabe*
513	SCHWEINFURT (D), 18. Jahrhundert
514	SURSEE (CH), 17.—18. Jahrhundert
515	SURSEE (CH), 18. Jahrhundert
516	SURSEE (CH), Beginn des 17. Jahrhunderts
517	USA, Avery Samuel, 1760—1836, *Preston, Conn.*
518	SAKSKØBING (DK), um das Jahr 1696

519		TÜRKEI, 1928—1938, *Feingehalt 900/1000*
520		TÜRKEI, 1928—1938, *Feingehalt 800/1000*
521		USA, Burt, Samuel, 1724—1754, *Boston, Mass.*
522		USA, Burrill, Samuel, 1733, *Boston, Mass.*
523		USA, Chaudrons, Simon & Co., 1807, *Philadelphia, Pa.*
524		USA, Storrs & Cooley, 1832, *New York, N. Y.*
525		USA, Drowne, Shem, 1749, *Boston, Mass.*
526		USA, Emery, Stephen, 1725—1801, *Boston, Mass.*
527		USA, Gilbert, Samuel, 1798, *Hebron, Conn.*
528		USA, Haugh, Samuel, 1675—1717, *Boston, Mass.*
529		USA, De Spiegel, Jacobus van, 1668—1708, *New York N. Y.*

530		USA, Vanderspiegel, 1701, *New York, N. Y.*
531		USA, Leach, Samuel, 1741, *Philadelphia, Pa.*
532		USA, Minott, Samuel, 1732—1803, *Boston, Mass.*
533		USA, Sibley & Marble, 1801—1806,*New Haven, Conn.*
534		USA, Sexnine, Simon, 1722, *New York, N. Y.*
535		WIEN (A), 1774—1776, *Gegenstände mit niedrigerem als vorgeschriebenem Feingehalt*
536		STEGE (DK), um das Jahr 1750
537		STELLA (I), 15.—16. Jahrhundert
538		SULMONA (I), seit dem 13. Jahrhundert, *mit veränderlicher Stempelform*
539		SUHL (D), 17.—18. Jahrhundert
540		USA, Williamson, Samuel, 1794, *Philadelphia, Pa.*

541		BORDEAUX (F), 1687—1691, *charge*
542		PRAHA (CS), 1776—1806, *für nicht vorgschriebenen Feingehalt*
543		TOULOUSE (F), 1774—1780, *charge, Miniaturgegenstände*
544		ST. GERMAIN (F), 1781, *charge, mittelgroße Gegenstände*
545		ST. GERMAIN (F), 1781, *charge, große Gegenstände*

BUCHSTABE **T**

546		TORGAU (D), 16.—17. Jahrhundert
547		TAMPERE (SF), bis zum Jahr 1943
548		PARIS (F), Stempel „maison commune" für das Jahr 1735
549		PARIS (F), Stempel „maison commune" für das Jahr 1782

550		NANTES (F), 1744, *charge*
551		TOURNAI (Doornijk) (B), erste Hälfte des 17. Jahrhunderts
552		SALINS (F), 1779
553		TOURNAI (Doornijk) (B), zweite Hälfte des 18. Jahrhunderts
554		TOURNAI (Doornijk) (B), zweite Hälfte des 18. Jahrhunderts
555		TOURS (F), 1780—1789, *charge, Miniaturgegenstände*
556		USA, Bontecou, Timothy, Jr., 1723—1789, *New Haven, Conn.*
557		USA, Trott & Brooks, 1798, *New London, Conn.*
558		USA, Carson, Thomas, 1815, *Albany, N. Y.*
559		USA, Dwight, Timothy, 1645—1691, *Boston, Mass.*

560		ÖSTERREICH-UNGARN, 1810—1824, *der sogenannte Taxstempel für kleinere Gegenstände*
561 562		ÖSTERREICH-UNGARN, 1809—1810, *Freistempel für kleine Gegenstände (befreit von der Abgabe in die Staatskasse)*
563		ÖSTERREICH-UNGARN, 1809—1810, *Freistempel für große Gegenstände (befreit von der Abgabe in die Staatskasse)*
564		ÖSTERREICH-UNGARN, 1810—1824, *der sogenannte Taxstempel für große Gegenstände; die Bedeutung des Buchstabens siehe Stempèl Nummer 1901*
565		ZELENOGORSK (SU) bis zum Jahr 1943
566		USA, Emery, Thomas Knox, 1781—1815, *Boston, Mass.*
567		USA, Millner, Thomas, 1690—1745, *Boston, Mass.*
568		TOULOUSE (F), 1780—1789, *charge, Miniaturgegenstände*
569		TOLEDO (E), 17. Jahrhundert

570		TOLEDO (E), um das Jahr 1600
571		USA, Skinner, Thomas, 1712—1761, *New York, N. Y.*
572		USA, Sparrow, Thomas, 1764—1784, *Annapolis, Md.*
573		USA, Townshendt, Thomas, 1727, *Boston, Mass.*
574		TUNESIEN ‚recense' aus dem Jahr 1905
575		USA, You, Thomas, 1756, *Charleston, S. C.*

BUCHSTABE **U**

576		UUSIKIRKKO (SF), bis zum Jahr 1943
577		ULRICEHAMN (S), 18.—19. Jahrhundert
578		PARIS (F), Stempel ,,maison commune" für das Jahr 1783

BUCHSTABE **V**

| 579 | | PARIS (F), Stempel ,,maison commune" für das Jahr 1760 |

580		SENLIS (F), 1747
581		LILLE (F), 1732, *Jahresbuchstabe*
582		TROYES (F), 1772, *charge*
583		VIRTON (B), 18. Jahrhundert
584		PARIS (F), Stempel, „maison commune" für das Jahr 1655
585		TROYES (F), 1774—1780, *charge?*
586		PARIS (F), Stempel, „maison commune" für das Jahr 1655
587		TROYES (F), 1768—1774, *charge*
588		USA, van Dyke, Peter, 1684—1750, *New York, N. Y.*
589		USA, Roosevelt, Nicholas, 1745—1769, *New York, N. Y.*

590 591		ÖSTERREICH-UNGARN, 1810—1824, *der sogenannte Vorratsstempel für Gegenstände, die nach dem Jahr 1810 erzeugt wurden*
592		KOMÁRNO (CS), KOMÁROM (H), seit dem 17. Jahrhundert bis zum Ende des 18. Jahrhunderts
593		USA, van Ness & Waterman, 1835, *New York, N. Y.*

BUCHSTABE **W**

594		VIIPURI (SF), bis zum Jahr 1943
595		VISBY (S), 18. Jahrhundert
596		WROCŁAW (PL), zweite Hälfte des 17. Jahrhunderts bis ca. 1740
597		WEIMAR (D), Beginn des 17. Jahrhunderts
598		VISBY (S), 19. Jahrhundert
599		VÄXJÖ (S), 18.—19. Jahrhundert
600		VEVEY (CH), 18. Jahrhundert

601		LILLE (F), 1780—1789, reconnaissance
602		VAMMALA (SF), bis zum Jahr 1943
603		VARBERG (S), Beginn des 18. Jahrhunderts
604		USA, North, William B., 1787—1838, *New York, N. Y.*
605		USA, Clark, William, 1774, *New Milford, Conn.*
606		USA, Cross, William, 1712, *Boston, Mass.*
607		USA, Cowell, W. M., 1682—1736, *Boston, Mass.*
608		USA, Faris, William, 1728—1804, *Annapolis, Md.*
609		USA, Gale, William, 1816, *New York, N. Y.*
610		USA, Woodward & Grosjean, 1847, *Boston, Mass.*
611		USA, Huertin, William, 1731—1771, *New York, N. Y.*
612		USA, Homes, William, 1717—1783, *Boston, Mass.*

613		USA, Hollingshead, William, 1770, *Philadelphia, Pa.*
614		USA, Wood & Hughes, 1846, *New York, N. Y.*
615		USA, Wynkoop, Benjamin, 1675—1751, *New York, N. Y.*
616		USA, Mc Parlin, William, 1780—1850, *Maryland*
617		USA, Rouse, William, 1639—1705, *Boston, Mass.*
618		USA, Pelletreau & Richards, 1825, *New York, N. Y.*
619		USA, Vilant, William, 1725, *Philadelphia, Pa.*
620		USA, Whetcroft, William, 1735—1799, *Baltimore, Md.*
621		USA, Ward, William, 1742—1828, *Litchfield, Conn.*
622		USA, Gaskins, W. W., 1830, *Providence, R. I.*
		BUCHSTABE X
623		PARIS (F), Stempel „maison commune" für das Jahr 1690

624		PARIS (F), Stempel „maison commune" für das Jahr 1714
625		PARIS (F), Stempel „maison commune" für das Jahr 1761
626		PARIS (F), Stempel „maison commune" für das Jahr 1666
627		BESANÇON (F), 1782
628		AMIENS (F), 1774—1780, *charge, große Gegenstände*
629		AMIENS (F), 1780—1791, *charge, große Gegenstände*
630		EXETER (GB), 1575—1698, *verschiedene Abweichungen*
631		PARIS (F), 1691—1698, *contremarque, kleine Gegenstände*
632 633 634		BESANÇON (F), erstes Drittel des 18. Jahrhunderts
635 636		BESANÇON (F), 1674—1689

637 638		BESANÇON (F), Ende des 18. Jahrhunderts
639		KARLSKRONA (S), 17.—18. Jahrhundert
640		BESANÇON (F), 17. Jahrhundert
641 642		AMIENS (F), 1768—1774, *charge, große Gegenstände*

BUCHSTABE **Y**

643		PARIS (F), Stempel „maison commune" für das Jahr 1692
644		SALINS (F), 1759
645		BOURGES (F), 1780—1789, *charge, große Gegenstände*
646		BOURGES (F), 1774—1780, *charge, große Gegenstände*
647		VERSAILLES (F), 1780

648		IEPER (Ypres) (B), zweite Hälfte des 17. Jahrhunderts
649		BOURGES (F), 1768—1774, *charge, Miniaturgegenstände*
650		IEPER (Ipres) (B) 1701—1713

BUCHSTABE Z

651		ZÜRICH (CH), 17. Jahrhundert
652		MANNHEIM (D), 17.—18. Jahrhundert
653		ZERBST (D), 18. Jahrhundert, *verschiedene Stempelvariationen*
654		PARIS (F), Stempel „maison commune" für das Jahr 1763
655		PARIS (F), Stempel „maison commune" für das Jahr 1643
656		BESANÇON (F), 1730

657		BESANÇON (F), 1783
658		PARIS (F), Stempel „maison commune" für das Jahr 1739
659		NORRKÖPING (S), 17.—18. Jahrhundert
660		GRENOBLE (F), 1780—1791, *charge, große Gegenstände*
661		GRENOBLE (F), 1775—1780, *charge, große Gegenstände*
662		ZÜRICH (CH), 17.—18. Jahrhundert
663		GRENOBLE (F), 1756—1762, *charge*
664		ZITTAU (D), um das Jahr 1750
665		ZÜRICH (CH), 17.—18. Jahrhundert
666		USA, Brigden Zachariah, 1734—1787, *Boston, Mass.*

BUCHSTABE &

667  BESANÇON (F), 1730

668  FRANKREICH, 1809—1819,
Einfuhrstempel für kleine
Gegenstände

669  MILANO (I), 1810—1859,
Stempel des Garanzamtes

ZIFFERN

670  BRAGA (P), 1886—1919,
Ausfuhrstempel 800/1 000

671  LISBOA (P), 1886—1919,
Ausfuhrstempel 800/1000

672
673  PORTO (P), 1886—1919,
Ausfuhrstempel 800/1 000

674  PORTO (P), 1919—1938,
Ausfuhrstempel

675  GONDOMAR (P),
1919—1938,
Ausfuhrstempel

676  LISBOA (P), 1919—1938,
Ausfuhrstempel

677		PARIS (F), Stempel „maison commune" für das Jahr 1581
678		TBILISI (SU), 1830
679		SPANIEN, 1881—1934, *Feingehalt 750/1000*
680		RENNES (F), 1780—1789, *charge, große Gegenstände*
681		RENNES (F), 1774—1780, *charge, große Gegenstände*
682		BESANÇON (F), 15. Jahrhundert
683		ÖSTERREICH-UNGARN, 1806—1809, *Repunzierungsstempel für große Gegenstände; die Bedeutung des Buchstabens siehe Stempel Nummer 1901; hier ein Beispiel für Prag*
684		TUNESIEN, seit dem Jahr 1905 der Stempel des öffentlichen Prüfers (essayeur public)
685		KÖLN (D), Mitte des 18. Jahrhunderts

686		STRASBOURG (F), zweite Hälfte des 18. Jahrhunderts
687		STRASBOURG (F), ca. 1650—ca. 1750
688		KÖLN (D), Ende des 18. Jahrhunderts
689		WÜRZBURG (D), 18. Jahrhundert
690		WÜRZBURG (D), 18. Jahrhundert
691		TRIESTE, 18. Jahrhundert
692		MANNHEIM (D), 1737—1766
693		PROVINS (F), 1784—1789
694		JAPAN, seit dem Jahr 1928, *Feingehaltsstempel in Tausendsteln*
695		FINNLAND, 1810—1972, *Feingehaltsstempel in Tausendsteln*

MENSCHENGESTALT

696 SKÄNNINGE (S),
18.—19. Jahrhundert

697  TORSHÄLLA (S),
18. Jahrhundert

698 WELIKI USTJUG (SU),
1755—1767

699 WELIKI USTJUG (SU),
1837—1896

700 RJAZAN (SU),
18.—19. Jahrhundert

701 WELIKI USTJUG (SU),
1783—1814

702  KIEW (SU), seit dem Jahr
1778 bis zum Beginn des
19. Jahrhunderts

703 KIEW (SU),
1848—1865

704 SANTIAGO (E),
16. Jahrhundert

705		BRUXELLES (B), 1750-ca. 1760
706		ASKERSUND (S), 18. Jahrhundert
707		LIDKÖPING (S), 17.—19. Jahrhundert
708		UGLITSCH (SU), 1762—1778
709		ASKERSUND (S), Beginn des 19. Jahrhunderts
710		SÖDERTÄLJE (S), 18.—19. Jahrhundert
711		MARIEFRED (S), 18.—19. Jahrhundert
712		ARCHANGELSK (SU), 1763—1768
713		ARCHANGELSK (SU), 1796—1798
714		ARCHANGELSK (SU), zweite Hälfte des 19. Jahrhunderts

715		ARCHANGELSK (SU), 1880—1890
716		MÜNCHEN (D), um das Jahr 1700
717		MÜNCHEN (D), mit veränderlicher Jahreszahl, hier ein Beispiel für das Jahr 1752
718		MÜNCHEN (D), 1762—1860, *mit zwei Ziffern der Jahreszahl; viele Variationen der Stempelform*
719		ENGLAND, 1697—1716, *Stempel „Britannia"*
720		ENGLAND, 1716—1717, *Stempel „Britannia"*
721		ENGLAND, 1731—1732, *Stempel „Britannia"*
722		ENGLAND, 1863—1864, *Stempel „Britannia"*
723		TORSHÄLLA (S), 19. Jahrhundert
724		NORRKÖPING (S), 18. Jahrhundert

725		VIBORG (DK), 17.—18. Jahrhundert
726		BRUXELLES (B), Beginn des 18. Jahrhunderts
727		STOCKHOLM (S), 1600—1700
728		WROCŁAW (PL), seit dem Ende des 17. Jahrhunderts bis zum Jahr 1842, *viele Variationen*
729		WROCŁAW (PL), seit dem Jahr 1843, *die Ziffern verändern sich je nach den Jahreszahlen*
730		CHARTRES (F), 1768—1774, *contremarque*
731		SENLIS (F), 1784—1789
732		PARIS (F), 1819—1838, *die sogenannte Garantie für mittelgroße Gegenstände*
733		FRANKREICH-DEPARTEMENTS, 1798—1809, *die sogenannte Garantie für große Gegenstände*
734		FRANKREICH-DEPARTEMENTS, 1798—1809, *die sogenannte Garantie für mittelgroße Gegenstände*

735		PARIS (F), 1793—1794 (1840), *die sog. Garantie der Zunft für Silber jeglichen Feingehaltes, (auch Ausfuhrstempel bis Jahr 1840?)*
736		PARIS (F), 1798—1809, *die sogenannte Garantie für große Gegenstände*
737		PARIS (F), 1798—1809, *die sogenannte Garantie für mittelgroße Gegenstände*
738		JUGOSLAWIEN, 1882—1919, *Feingehalt 800/1000, große Gegenstände, gültig für das Gebiet des ehemaligen Königreichs Serbien*
739		JUGOSLAWIEN, 1882—1919, *Feingehalt 750/1000, große Gegenstände, gültig für das Gebiet des ehemaligen serbischen Königreichs*
740		PARIS (F), Ende des Jahres 1794—1797, *die sog. Garantie der Zunft für den Feingehalt 958/1000, (auch Ausfuhrstempel bis Jahr 1840?)*
741		METZ (F), 1774—1780, *décharge, Miniaturgegenstände*
742		BLOIS (F), 1768—1774, *décharge*
743		SENS (F), 1768—1774, *décharge*

744		DIJON (F), 1780—1791, *décharge,* *Miniaturgegenstände*
745		FRANKREICH, 1. 9. —31. 10. 1809 *die sogenante recense générale; Stempel für große Gegenstände*
746		ROUEN (F), 1780—1789, *décharge,* *Miniaturgegenstände*
747		FRANKREICH, 1798—1809, *Einfuhrstempel für große Gegenstände*
748		VADSTENA (S), 18. Jahrhundert
749		STOCKHOLM (S), 1720—1740
750		BORDEAUX (F), Ende des 18. Jahrhunderts, *décharge*
751		CAEN (F), 1774—1780, *décharge, große Gegenstände*
752		BORDEAUX (F), 1774—1780, *décharge,* *Miniaturgegenstände*
753		TROYES (F), 1768—1774, *décharge,*

754		PARIS (F), 1781—1789, *décharge, große Gegenstände*
755		PARIS (F), 1783, *décharge, mittelgroße Gegenstände*
756		PARIS (F), 1781—1789, *décharge, Miniaturgegenstände*
757		PARIS (F), 1756—1762, *décharge, große Gegenstände*
758		FERRARA (I), 17. Jahrhundert
759		POITIERS (F), 1780—1791, *décharge, Miniaturgegenstände*
760		ORLÉANS (F), 1780—1791, *décharge, große Gegenstände*
761		PARIS (F), 1768—1774, *décharge, mittelgroße Gegenstände*
762		PARIS (F), 1781—1789, *décharge, mittelgroße Gegenstände*
763		ORLÉANS (F), 1780—1791, *décharge, Miniaturgegenstände*

764 **765**		ORLÉANS (F), 1768—1774, *décharge*
766		LYON (F), 1762—1768, *décharge, große* *Gegenstände*
767		AMIENS (F), 1768—1774, *décharge*
768		AMIENS (F), 1774—1780, *décharge,* *Miniaturgegenstände*
769		BRAGA (P), 1886—1911, *für ältere* *oder antike Gegenstände*
770		GONDOMAR (P), 1913—1938, *für ältere* *oder antike Gegenstände*
771		PORTO (P), 1886—1938, *für ältere oder antike* *Gegenstände*
772		GONDOMAR (P), 1886—1913, *für ältere* *oder antike Gegenstände*
773		LISBOA (P), 1886—1938, *für ältere oder antike* *Gegenstände*
774		PARIS (F), 1809—1819, *die sogenannte Garantie für* *große Gegenstände*

775		FRANKREICH-DEPARTEMENTS, 1809—1819, *die sogenannte Garantie für große Gegenstände*
776		MÜNCHEN (D), 16.—17. Jahrhundert
777		PARIS (F), 1819—1838, *die sogenannte Garantie für große Gegenstände*
778		PARIS (F), 9. November 1797— August (?) 1798, *Recense-Stempel für kleine Gegenstände*
779		FRANKREICH, 9. 11. 1797—August 1798, *der sog. Recense générale-Stempel für große Gegenstände*
780		PARIS (F), 1819—1838, *Einfuhrstempel für kleine Gegenstände*
781		PARIS (F), 1. September-31. Oktober 1809, *Recense-Stempel für große Gegenstände*
782		PARIS-DEPARTEMENTS, 1819—1838, *die sogenannte Garantie für große Gegenstände. Die Ziffer im Stempel bedeutet den Sitz des Punzamtes, hier 84-Auxerre*
783		PARIS (F), 1819—1838, *Feingehalt 800/1000*
784		FRANKREICH-DEPARTEMENTS, 1819—1838, *Feingehalt 800/1000*

785		ENGLAND, 1784—1786, *sogenannte duty mark (der Kopf des Königs Heinrich III.)*
786		ENGLAND, 1837—1889/90, *sogenannte duty mark (der Kopf der Königin Victoria)*
787		FRANKREICH-DEPARTEMENTS, 1840—1879, *Ausfuhrstempel*
788		ITALIEN, 1873—1935, *Feingehalt 950/1000*
789		ITALIEN, 1873—1935, *Feingehalt 900/1000*
790		ITALIEN, 1873—1935, *Feingehalt 800/1000*
791		TSCHECHOSLOWAKEI, 1921—1928, *Feingehalt 950/1000*
792		TSCHECHOSLOWAKEI, 1921—1928, *Feingehalt 900/1000*
793		TSCHECHOSLOWAKEI, 1921—1928, *Feingehalt 800/1000*
794		TSCHECHOSLOWAKEI, 1921—1928, *Feingehalt 750/1000, für größere Gegenstände*

795 796 797	JUGOSLAWIEN, seit dem Jahr 1933, *für große Gegenstände: Feingehalt 950/1000, 900/1000, 800/1000*
798	LETTLAND, ca. 1920-ca. 1939
799	LETTLAND, ca. 1920-ca. 1939, *Feingehalt 875/1000*
800	LETTLAND, ca. 1920-ca. 1939, *Einfuhrstempel, Feingehalt 875/1000*
801 802	RUSSLAND, 1896—1908, *Feingehalt 875/1000 (84 zolotniki)*
803	STOCKHOLM (S), 1700—1850
804	STOCKHOLM (S), 1700—1850
805	STOCKHOLM (S), 1700—1850
806	FREISING (D), 18. Jahrhundert
807	LIÈGE (Luik) (B), 1693

808	NAPOLI (I), 17.—18. Jahrhundert, *veränderliche Stempelform*
809	MEAUX (F), 1774—1780, *décharge*
810	COMPIÈGNE (F), 1768—1774, *contremarque*
811	PARIS (F), 1768—1774, *décharge, große Gegenstände*
812	ENGLAND, 1786—1820, *sogenannte duty mark (der Kopf des Königs Heinrich III.)*
813	ENGLAND, 1820—1830, *sogenannte duty mark (der Kopf des Königs Heinrich IV.)*
814	ENGLAND, 1830—1837, *sogenannte duty mark (der Kopf des Königs Wilhelm IV.)*
815	FRANKREICH-DEPARTEMENTS, 1809—1819, *die sogenannte Garantie für mittelgroße Gegenstände; die Ziffer im Stempel bedeutet den Sitz des Punzamtes, hier 25 — Besançon*
816	PARIS (F), 1819—1830, *Einfuhrstempel für große Gegenstände*

817		PARIS (F), 9. November 1797 — August (?) 1798, *Recense-Stempel für große Gegenstände*
818		FRANKREICH, 9. November 1797 — August (?) 1798, *die sogenannte recense générale für kleine Gegenstände*
819		PARIS (F), 1809—1819, *die sogenannte Garantie für mittelgroße Gegenstände*
820		BELGIEN, 1831—1869, *Garantiezeichen- amtliche Feingehaltsprüfung*
821		FRANKREICH, seit dem Jahr 1838 bis zur Gegenwart, *die sogenannte Garantie und der Feingehalt 950/1 000 für große Gegenstände*
822		FRANKREICH, seit dem Jahr 1838 bis zur Gegenwart, *die sogenannte Garantie und der Feingehalt 800/1 000 für große Gegenstände*
823		PARIS (F), 1819—1838, *Feingehalt 950/1000*
824		FRANKREICH- DEPARTEMENTS, 1819—1838, *Feingehalt 950/1000*
825		TUNESIEN, seit dem Jahr 1905, *Feingehalt 800/1000, kleine Gegenstände*

826
827
828
829

ÖSTERREICH-UNGARN,
1. 1. 1867—1. 4. 1872,
Feingehalt 950/1000,
900/1000, 800/1000,
750/1 000;
die Bedeutung des
geprägten Buchstabens
neben dem Stempel siehe
Stempel Nummer 830—833

830
831
832
833

ÖSTERREICH-UNGARN,
1. 4. 1872—1. 5. 1922
(im Gebiet der Republik
Österreich), Feingehalt 950/1000
900/1 000, 800/1 000
750/1 000;
die Bedeutung des
Buchstabens im Stempel:
A — Wien (A)
B — Linz (A)
C — Praha (CS)
D — Brno (CS)
E — Kraków (PL)
F — Lwow (SU)
G — Graz (A)
H — Hall (A) (bis zum
Jahr 1872)
H — Bregenz (A) (seit dem
Jahr 1872)
K — Klagenfurt (A)
L — Ljubljana (YU)
M — Trieste
N — Zadar (YU), (nur in
den Jahren 1866—67)
P — Pest (H)
R — Košice (CS)
T — Timisoara (R)
U — Alba Julia (R)
V — Zagreb (YU)

834
835
836

UNGARN, 1937—1965,
für große Gegenstände:
Feingehalt 935/1000,
900/1000, 800/1000

837		RUSSLAND, 1908—1917, *Feingehalt 875/1000, (84 zolotniki), für Gegenstände niedrigeren Gewichtes als 8,5 g*
838		RUSSLAND, 1908—1917, *Feingehalt 875/1000 (84 zolotniki), für Gegenstände höheren Gewichtes als 8,5 g*
839		RUSSLAND, 1908—1917, *eingeführte Gegenstände*
840		RUSSLAND, 1908—1917, *Gegenstände ungesetzlichen Feingehaltes*
841		UdSSR, 1927—1958, *Feingehalt 875/1000, für Gegenstände niedrigeren Gewichtes als 10 g*
842		UdSSR, 1927—1958, *für Gegenstände höheren Gewichtes als 10 g*
843		UdSSR, 1927—1958, *eingeführte Gegenstände*
844		UdSSR, 1927—1958, *Gegenstände ungesetzlichen Feingehaltes (historischen oder künstlerischen Wertes)*
845		UdSSR, 1927—1958, *für verzierte oder unwesentliche Gegenstände*
846		BELGIEN, 1831—1869, *Feingehaltsstempel*

847		LYON (F), 1775—1780, *décharge, große Gegenstände*
848		TOURS (F), 1780—1789, *décharge, Miniaturgegenstände*
849		PARIS (F), 1. September — 31. Oktober 1809, *Recense-Stempel für mittelgroße Gegenstände*
850		LYON (F), 1762—1768, *ältere Gegenstände*
851		LYON (F), 1762—1768, *eingeführte Gegenstände*
852		FRANKREICH, 1. September — 31. Oktober 1809, *die sogenannte recense générale, Stempel für kleine Gegenstände*
853		PARIS (F), 1781—1789, *contremarque*
854		PARIS (F), 1. September — 31. Oktober 1809, *Recense-Stempel für kleine Gegenstände*
855		ORLÉANS (F), 1744—1780, *décharge, große Gegenstände*
856		BOURGES (F), 1774—1780, *décharge, große Gegenstände*
857		BESANÇON (F), 15. Jahrhundert

858		SCHWÄBISCH-HALL (D), 18. Jahrhundert
859		NANTES (F), 1762—1769, *Einfuhrware*
860		PARIS (F), 1762—1768, *contremarque*
861		ANTWERPEN (B), 1627—1628
862		ANTWERPEN (B), 1574—1575
863		ALTENBURG (D), 17. Jahrhundert
864		WOLOGDA (SU), 1751
865		WOLOGDA (SU), 1796—1798
866		WOLOGDA (SU), 1843—1850
867		WALK (SU), 1785

868		KIROW, (SU), 18. Jahrhundert
869		SOLIKAMSK (SU), 1736
870		NITRA (CS), *veränderliche* *Stempelform, manchmal mit* *der Jahreszahl*
871		ESKILSTUNA (S), 18. Jahrhundert
872		JOENSUU (SF), bis zum Jahr 1943
873		ESKILSTUNA (S), 19. Jahrhundert
874		WORONESH (SU), 1852—1869
875		PARIS-GÉNÉRALITÉ (F), (Steuerdistrikt), 1775—1781, *eingeführte* *Gegenstände*
876		RIOM (F), 1774—1780, *décharge, große* *Gegenstände*
877		GRENOBLE (F), 1775—1780, *décharge,* *große Gegenstände*

878		BAYONNE (F), 1774—1780, *décharge,* *Miniaturgegenstände*
879		TOURS (F), 1774—1780, *décharge, große* *Gegenstände*
880		VILNIUS (SU), 1861
881		FILIPSTAD (S), erste Hälfte des 19. Jahrhunderts
882		MOSKWA (SU), 1741—1775, *verschiedene Variationen*
883		MOSKWA (SU), 1780
884		MOSKWA (SU), 1800—1804
885		POLOCK (SU), 1842—1858
886		TBILISSI (SU), 1847—1861
887		SKÄNNINGE (S), 19. Jahrhundert

SÄUGETIERE

888   YSTAD (S), 18.—19.
Jahrhundert

889   GRAZ (A),
17. Jahrhundert bis 1717,
mehrere Variationen

890   SCHWÄBISCH GMÜND (D)
(D), um das Jahr
1762—1786

891   KASAN (SU), zweite
Hälfte des
18. Jahrhunderts und erste
Hälfte des 19. Jahrhunderts

892   KASAN (SU), 1742

893   KASAN (SU), 1880—1890,
*die Ziffer bezeichnet den
Feingehalt*

894   FIRENZE (I), 16. (?)
Jahrhundert

895   FRANKREICH-
DEPARTEMENTS,
1838—1879,
*Einfuhrstempel für silberne
Uhren*

896   KASAN (SU), 1864

897   SCHWEDEN,
Provinz Östergötland,
18. Jahrhundert

131

898		VENEZIA (I), 17.—18. Jahrhundert
899		VENEZIA (I), 16.—17. Jahrhundert, *mit veränderlichen Buchstaben im Stempel*
900		JUGOSLAWIEN, Einfuhrstempel gültig seit dem Jahr 1882 bis zum Jahr 1919 im Gebiet des ehemaligen Königreichs Serbien
901		SCHWÄBISCH GMÜND (D), Beginn bis Mitte des 19. Jahrhunderts, *veränderliche Stempelform*
902		BIBERACH an der Riss (D), 18.—19. Jahrhundert
903		BIBERACH an der Riss (D), 18.—19. Jahrhundert
904		ENGLAND, 1544—1550, *sogenannter lion passant*
905		ENGLAND, 1550—1558, *sogenannter lion passant*
906		ENGLAND, 1558—1679, *sogenannter lion passant*
907		ENGLAND, 1679—1697 u. 1719—1739, *sogenannter lion passant*
908		ENGLAND, 1739—1756, *sogenannter lion passant*

909		ENGLAND, 1756—1822, *sogenannter lion passant*
910		ENGLAND, 1822—1896, *sogenannter lion passant*
911		ENGLAND, 1822—1896, *sogenannter lion passant*
912		HEIDELBERG (D), 17.—18. Jahrhundert, *verschiedene Stempelformen*
913		BRAUNSCHWEIG (D), 17.—18. Jahrhundert, *verschiedene Stempelformen*
914		DARMSTADT (D), 18.—19. Jahrhundert
915		HANNOVER-NEUSTADT (D), 17.—18. Jahrhundert
916		WEIMAR (D), Ende des 17. Jahrhunderts
917		DIJON (F), Mitte des 18. Jahrhunderts, *décharge*
918		BAUSKA (SU), 18. Jahrhundert
919		PASSAU (D), 18. Jahrhundert

920		INGOLSTADT (D), 18. Jahrhundert
921		LÜNEBURG (D), 16.—17. Jahrhundert, *viele Variationen in verschiedenen Stempelformen*
922		ESTLAND, ca. 1920-ca. 1939
923		BOLOGNA (I), 18. Jahrhundert
924		KALMAR (S), 17.—18. Jahrhundert
925		LYON (F), 1762—1768, *décharge, kleine Gegenstände*
926		NORWEGEN, seit dem Jahr 1893, *Feingehalt 925-830/1000*
927		LUCCA (I), 17. Jahrhundert
928		VITRÉ (F), 1756—1762, *charge*
929 930		HOLLAND, 1814—1953, *Feingehalt 934/1000, 833/1000*
931		MORAT (CH), Ende des 18. Jahrhunderts

932		WLADIMIR (SU), 1763—1778
933		WLADIMIR (SU), 1857—1863
934		WLADIMIR (SU), 19. Jahrhundert
935		PSKOW (SU), 19. Jahrhundert
936		DÜSSELDORF (D), 18. Jahrhundert
937		KALMAR (S), Ende des 18. Jahrhunderts u. 19. Jahrhundert
938		JÖNKÖPING (S), 18.—19. Jahrhundert
939		SAULGAU (D), 1707
940		KARLSHAMN (S), 18.—19. Jahrhundert
941		KARLOVY VARY (CS), 17.—18. Jahrhundert

942		ORADEA (R), veränderliche Stempelform, manchmal mit Jahreszahl
943		FIRENZE (I), 17.—18. Jahrhundert
944		BRUXELLES (B), Beginn des 18. Jahrhunderts
945		BRUXELLES (B), 1750 - ca. 1760
946		LIÈGE (Luik) (B), 1764—1771
947		LIÈGE (Luik) (B), 1784—1792
948		PARMA (I), 17. Jahrhundert
949		PRAHA (CS), 1776—1793, *13lötiges Silber, mit veränderlicher Jahreszahl im Stempel*
950		PRAHA (CS), 1776—1793, *13lötiges Silber, mit veränderlicher Jahreszahl im Stempel*
951		PRAHA (CS), 1793—1806, *13lötiges Silber, mit veränderlicher Jahreszahl im Stempel*

952		PREŠOV (CS), erste Hälfte des 19. Jahrhunderts, *veränderliche Jahreszahl und Stempelform*
953		GRAZ (A), 1718—1775
954		GRAZ (A), 1775—1799
955		GRAZ (A), 1800—1806
956		KLAGENFURT (A), 1775—1806
957		NAMUR (Namen) (B), 16.—17. Jahrhundert, *manchmal die Jahreszahl im Stempel*
958		ZWEIBRÜCKEN (D), 18. Jahrhundert
959		RIBE (DK), 18.—19. Jahrhundert
960		DÜSSELDORF (D), 18. Jahrhundert
961		ZARAGOZA (E), 16. Jahrhundert

962		YORK (GB), 1700—1857, *verschiedene Abweichungen*
963		LINKÖPING (S), 18. Jahrhundert
964		LINKÖPING (S), 19. Jahrhundert
965		AMIENS (F), 1762—1774, *décharge, große Gegenstände*
966		AMIENS (F), 1774—1780, *décharge, große Gegenstände*
967		ENGLAND, bis zum Jahr ca. 1470, *sogenannter leopard's head*
968		ENGLAND, 1470—1515, *sogenannter leopard's head, viele Variationen*
969		ENGLAND, 16.—17. Jahrhundert, *sogenannter leopard's head, viele Variationen*
970		ENGLAND, 1681—1689, *sogenannter leopard's head, viele Variationen*
971		ENGLAND, 1719—1740, *sogenannter leopard's head, viele Variationen*

972		ENGLAND, 1756—1821, *sogenannter l'eopard's head, viele Variationen*
973		ENGLAND, 1822—1836, *sogenannter leopard's head, viele Variationen*
974		ENGLAND, 1836—1896, *sogenannter leopard's head, viele Variationen*
975		ENGLAND, 1710—1711, *sogenannter leopard's head, erased*
976		ENGLAND, 1717—1718, *sogenannter lion's head erased*
977		ENGLAND, 1726—1727, *sogenannter lion's head erased*
978		ENGLAND, 1725—1731, *sogenannter lion's head erased*
979		ENGLAND, 1863—1864, *sogenannter lion's head erased*
980		BRUGGE (B), um das Jahr 1660
981		LYON (F), 1780—1791, *décharge, Miniaturgegenstände*

982		ÖSTERREICH-UNGARN, 1. 1. 1867—1. 4. 1872, *für sehr kleine Gegenstände mit Feingehalt 750/1000; die Bedeutung des geprägten Buchstabens neben dem Stempel siehe Stempel Nummer 830—833*
983		ÖSTERREICH-UNGARN, 1. 4. 1872—1. 5. 1922 *(im Gebiet der Republik Österreich), für sehr kleine Gegenstände mit Feingehalt 750/1000; die Bedeutung des Buchstabens im Stempel siehe Stempel Nummer 830—833*
984		STUTTGART (D), 18.—19. Jahrhundert, *im Stempel manchmal ein Buchstabe*
985		PARIS (F), 1732—1738, *décharge, große und mittelgroße Gegenstände*
986		HANNOVER (D), 18. Jahrhundert, *Hofjuweliere*
987		WOLFENBÜTTEL (D), 17.—18. Jahrhundert
988		DEBRECEN (H), erste Hälfte des 19. Jahrhunderts
989		HORSENS (DK), 18. Jahrhundert
990		BRANIEWO (PL), um das Jahr 1740

991		PERTH (GB), 1679—1710, *verschiedene* *Abweichungen*
992		LIMOGES (F), 1780—1791, *décharge,* *große Gegenstände*
993		JUGOSLAWIEN, 1919—1933, *eingeführte Gegenstände* *des Feingehaltes 800/1000*
994		JUGOSLAWIEN, 1882—1919, *für kleine Gegenstände des* *Feingehaltes 800/1000,* *gültig für das Gebiet des* *ehemaligen Königreiches* *Serbien*
995		PARIS (F), 1794—1797, *die sogenannte Garantie* *der Goldschmiedezunft für* *Feingehalt 843/1000 (?),* *(auch Ausfuhrstempel bis* *zum Jahr 1840?)*
996		PARIS (F), 1797, *Feingehalt 843/1000*
997		TOULOUSE (F), 1768—1774, *décharge*
998		LYON (F), 1775—1780, *décharge,* *Miniaturgegenstände*
999		VERSAILLES (F), 1762, *décharge, große* *Gegenstände*
1000		CAEN (F), 1780—1791, *décharge, große* *Gegenstände*

1001		PAU (F), Ende des 18. Jahrhundert
1002		PAU (F), 1784—1791
1003		FRANKREICH-DIVISION CENTRE, 1819—1838, *die sogenannte Garantie für kleine Gegenstände*
1004		MARIESTAD (S), 18.—19. Jahrhundert
1005		BOURGES (F), 1774—1780, *décharge, Miniaturgegenstände*
1006		MARIESTAD (S), 18. Jahrhundert
1007		PARIS (F), 1738—1744, *décharge, große Gegenstände*
1008		PARIS (F), 1775—1781, *décharge, große Gegenstände*
1009		LA ROCHELLE (F), 1774—1780, *décharge, kleine Gegenstände*
1010		RENNES (F), 1780—1789, *décharge, Miniaturgegenstände*

1011		WISMAR (D), vom Ende des 17. Jahrhunderts bis zum Beginn des 19. Jahrhunderts, *viele Variationen der Stempelform*
1012		SCHWEIZ, 1882—1892, *Feingehalt 875/1000*
1013 1014		SCHWEIZ, 1893—1934, *Feingehalt 875/1000, größere Gegenstände, kleinere Gegenstände*
1015		BERLIN, erste Hälfte des 18. Jahrhunderts
1016		BERLIN, zweite Hälfte des 18. Jahrhunderts, *veränderlicher Buchstabe im Stempel*
1017		JAROSLAWL (SU), zweites Viertel des 18. Jahrhunderts
1018		JAROSLAWL (SU), zweite Hälfte des 18. Jahrhunderts
1019		JAROSLAWL (SU), 1771—1806
1020		MADRID (E), 18. Jahrhundert
1021		BAMBERG (D), 18.—19. Jahrhundert

1022		NOWGOROD (SU), 1764—1846
1023		BERN (CH), 16. Jahrhundert
1024		BERN (CH), 16. Jahrhundert
1025		BERN (CH), 16. Jahrhundert
1026		BERN (CH), um das Jahr 1800
1027		GORKI (SU), 1778—1800
1028		ALINGSÅS (S), Ende des 18. Jahrhunderts und Beginn des 19. Jahrhunderts
1029		PARIS (F), 1768—1774, *Gegenstände für den Export*
1030		ROSTOW, (Jaroslawski) (SU), 1761
1031		GIENGEN (D), 18. Jahrhundert
1032		CHUR (CH), 16.—18. Jahrhundert

1033		VARBERG (S), 18.—19. Jahrhundert
1034		GORKI (SU), 1859
1035		ST. GERMAIN (F), 1732, *charge*
1036		FRANZÖSISCH OSTAFRIKA, seit dem Jahr 1939, *Feingehalt* *950/1000; veränderliche* *Buchstaben im Stempel*
1037		FRANZÖSISCH OSTAFRIKA, seit dem Jahr 1939, *Feingehalt* *800/1000; veränderliche* *Buchstaben im Stempel*
1038		SÜDRHODESIEN, gegenwärtig gültiger Stempel
1039		NANTES (F), 1746, *décharge*
1040		NANTES (F), 1769—1784, *décharge*
1041		ÖSTERSUND (S), 19. Jahrhundert
1042		COMPIÈGNE (F), 1784—1789

1043		PITEÅ (S), zweite Hälfte des 18. Jahrhunderts und 19. Jahrhundert
1044		PARIS (F), 1750—1756, *große ältere Gegenstände*
1045		SAUMUR (F), 1756—1762, *décharge*
1046		UMEÅ (S), zweite Hälfte des 18. Jahrhunderts und 19. Jahrhundert
1047		STUTTGART (D), 19. Jahrhundert
1048		ELGAWA (SU), 17. Jahrhundert
1049		PARIS (F), 1768—1774, *große ältere Gegenstände*
1050		TUTTLINGEN (D), um das Jahr 1660
1051		TSCHECHOSLOWAKEI 1921—1928, *Feingehalt 750/1000; für kleinere Gegenstände*
1052		JUGOSLAWIEN, 1919—1933, *Feingehalt 800/1000; für kleine Gegenstände*
1053		CAEN (F), 1780—1791, *décharge, Miniaturgegenstände*

1054		TOURS (F), 1753, *décharge*
1055		POITIERS (F), 1774—1780, *décharge, Miniaturgegenstände*
1056		SCHAFFHAUSEN (CH), 16. Jahrhundert
1057		SCHAFFHAUSEN (CH), 17.—18. Jahrhundert
1058		HUDIKSVALL (S), 18. Jahrhundert
1059		HUDIKSVALL (S), 18.—19. Jahrhundert
1060		METZ (F), 1774—1780, *décharge, große Gegenstände*
1061		AMIENS (F), 1780—1790, *décharge, Miniaturgegenstände*
1062		PARIS (F), 1819—1838, *die sogenannte Garantie für kleine Gegenstände*
1063		ORLÉANS (F), 1774—1780, *décharge, Miniaturgegenstände*
1064		FRANKREICH, *die sogenannte recense-générale vom 10. Mai bis zum 1. Oktober 1838; für große Gegenstände*
1065		LYON (F), 1768—1775, *décharge, kleine Gegenstände*

1066		PONTOISE (F), 1768—1774, *contre-marque*
1067		PARIS (F), 1783, *décharge, große Gegenstände*
1068		LA ROCHELLE (F), 1780—1791, *décharge, Miniaturgegenstände*
1069		PARIS (F), 1775—1781, *décharge, kleine Gegenstände,*
1070		TSCHECHOSLOWAKEI, 1921—1928, *Feingehalt 900/1000; für kleinere Gegenstände*
1071		LIMOGES (F), 1780—1781, *décharge, Miniaturgegenstände*
1072		MONTARGIS (F), 1768—1774, *décharge*
1073		ROUEN (F), 1698, *décharge*
1074		SALINS (F), 1784—1789
1075		WINTERTHUR (CH), 18. Jahrhundert
1076		SAUMUR (F), 18. Jahrhundert, *charge*
1077		CAEN (F), 1744—1750, *décharge, Miniaturgegenstände*

1078		PARIS (F), 1744—1750, *décharge, große Gegenstände*
1079		CAEN (F), 1744—1750, *décharge, große Gegenstände*
1080		ST. GERMAIN (F), 1781, *décharge, mittelgroße Gegenstände*
1081		PARIS (F), 1738—1744, *décharge, Miniaturgegenstände*
1082		PARIS (F), 1732—1738, *décharge, Miniaturgegenstände*
1083		PARIS (F), 1762—1768, *décharge, Miniaturgegenstände*
1084		ANGERS (F), 1747, *décharge*
1085		TOURS (F), 1768—1774, *décharge*
1086		TSCHECHOSLOWAKEI, 1921—1928, *Feingehalt 800/1000; für kleinere Gegenstände*
1087		UNGARN, 1937—1965, *Feingehalt 935/1000; für kleine Gegenstände*
1088		UNGARN, 1937—1965, *Feingehalt 800/1000; für kleine Gegenstände*
1089		PARIS-GÉNÉRALITÉ (Steuerdistrikt), (F), 1775—1781, *Gegenstände für den Export*

1090		PARIS-GÉNÉRALITÉ (Steuerdistrikt) (F), 1775—1781, *alte Gegenstände*
1091		FRANKREICH, die sogenannte recense générale vom 16. August bis zum 16. November 1819; *für große Gegenstände; die Zahl im Stempel bedeutet den Sitz des Punzamtes, hier 57. Departement Norden, Amt in Lille*
1092		ÖSTERREICH-UNGARN, 1. Januar 1867-1. April 1872, *Feingehalt 800/1000; für Miniaturgegenstände*
1093		ÖSTERREICH-UNGARN, 1. April 1872-1. Mai 1922 *(auf dem Gebiet der Republik Österreich); Feingehalt 800/1000; für Miniaturgegenstände*
1094		PARIS (F), 1797, *Feingehalt 950/1000*
1095		FRANKREICH, die sogenannte recense générale vom 10. Mai bis zum 1. Oktober 1838; *für kleine Gegenstände*
1096		POITIERS (F), 1774—1780, *décharge, große Gegenstände*
1097 1098		MEAUX (F), 1784—1789
1099		TOURS (F), 1774—1780, *décharge, Miniaturgegenstände*
1100		ST. GERMAIN (F), 1732, *décharge*

1101		LA CHARITÉ (F), 1768—1774, *décharge*
1102		TROYES (F), 1768—1774, *décharge*
1103		ŚWIDNICA (PL), 17.—18. Jahrhundert
1104 1105		LISBOA (P), 1886—1938, *Feingehalt 916/1000, 833/1000; für gr. Gebilde; Toleranz 005/1000*
1106 1107		PORTO (P), 1886—1938, *Feingehalt 916/1000, 833/1000; für gr. Gebilde; Toleranz 005/1000*
1108 1109		GONDOMAR (P), 1886—1913, *Feingehalt 916/1000, 833/1000; für gr. Gebilde; Toleranz 005/1000*
1110 1111		BRAGA (P), 1886—1911, *Feingehalt 916/1000, 833/1000; für gr. Gebilde; Toleranz 005/1000*
1112 1113		GONDOMAR (P), 1913—1938, *Feingehalt 916/1000, 833/1000; für gr. Gebilde; Toleranz 005/1000*
1114 1115		LISBOA (P), 1886—1938, *Feingehalt 916/1000, Feingehalt 833/1000; für kleine Gegenstände; Toleranz 005/1000*
1116 1117		PORTO (P), 1886—1938, *Feingehalt 916/1000, 833/1000; für große Gegenstände; Toleranz 005/1000*

1118 1119		GONDOMAR (P), 1886—1913, *Feingehalt 916/1000,* *833/1000; für* *kleine Gegenstände;* *Toleranz 005/1000*
1120 1121		BRAGA (P), 1886—1911, *Feingehalt 916/1000,* *833/1000;* *für kleine Gegenstände;* *Toleranz 005/1000*
1122 1123		GONDOMAR (P), 1913—1938, *Feingehalt 916/1000,* *833/1000; für kleine* *Gegenstände; Toleranz* *005/1000*
1124		JUGOSLAWIEN, 1919—1933, *Feingehalt* *750/1000, für große* *Gegenstände*
1125		PARIS (F), 1750—1756, *décharge, große* *Gegenstände*
1126		BORDEAUX (F), 1744—1750, *décharge*
1127		PARIS (F), *die sogenannte* *Garantie seit dem Jahr* *1838; für kleine Gegenstände*
1128		TOULOUSE (F), 1780—1789, *décharge,* *große Gegenstände*
1129		PARIS (F), 1768—1774, *mittelgroße, ältere* *Gegenstände*
1130		RIOM (F), 1780—1789, *décharge,* *Miniaturgegenstände*

1131		IRKUTSK (SU), 1777—1789
1132		TOBOLSK (SU), 1765—1780
1133		IRKUTSK (SU), 1815—1825
1134		UFA (SU), Mitte des 19. Jahrhunderts
1135		KRISTIINA (SF), bis zum Jahr 1943
1136		PARIS (F), 1697—1703, *décharge, große Gegenstände*
1137		WESEL (D), 16.—17. Jahrhundert; *manchmal gemeinsam mit den Jahresbuchstaben*
1138		LA ROCHELLE (F), 1774—1780, *décharge große Gegenstände*
1139		ST. GERMAIN (F), 1784—1789
1140		JIHLAVA (CS), 1769—1806?, *mit veränderlicher Jahreszahl im Stempel*

1141 1142		PARMA u. PIACENZA (I), 1818—1872, *Feingehalt 917/1000, 792/1000; für kleine Gegenstände*
1143 1144		PARMA u. PIACENZA (I), 1818—1872, *Feingehalt 917/1000, 792/1000*
1145		DONAUWÖRTH (D), 16.—17. Jahrhundert
1146		LIÈGE (Luik) (B), Mitte des 16. Jahrhunderts
1147		LIÈGE (Luik) (B), 1650—1688
1148		LIÈGE (Luik) (B), 1688—1693
1149		LIÈGE (Luik) (B), 1693—1705?
1150		LIÈGE (Luik) (B), 1693
1151		LIÈGE (Luik) (B), 1711—1723

1152		LIÈGE (Luik) (B), 1724—1743
1153		LIÈGE (Luik) (B), 1744—1763
1154		LIÈGE (Luik) (B), 1764—1771
1155		LIÈGE (Luik) (B), 1772—1784
1156		LIÈGE (Luik) (B), 1784—1792
1157		NOWGOROD (SU), 1717—1732
1158		TULA (SU), 1794
1159		WELIKI USTJUG (SU), 1768—1782
1160		HALICZ (SU), 1769
1161		KALUGA (SU), 1772—1786

1162		KAMENEC-PODOLSK (SU), 1758—1764
1163		MOSKWA (SU), 1712; *viele Variationen*
1164		MOSKWA (SU), 1675—1676; *viele Variationen*
1165		MOSKWA (SU), 1700—1710; *viele Variationen*
1166		MOSKWA (SU), 1740; *viele Variationen*
1167		MOSKWA (SU), 1731; *viele Variationen*
1168		LÜBECK (D), 16.—18. Jahrhundert; *viele Variationen*
1169		LENINGRAD (SU), 1730—1737; *viele Variationen*
1170		PERTH (GB), bis zum Jahr 1750 (1856?); *verschiedene Abweichungen*
1171		MIDDELBURG (NL), 18. Jahrhundert

1172		BOLSWARD (NL), 18. Jahrhundert
1173		TRIESTE, 18. Jahrhundert
1174		MINSK (SU), 1871
1175		ÜBERLINGEN (D), 16.—17. Jahrhundert
1176		BRNO (CS), seit der Mitte des 17. Jahrhunderts bis zum Jahr 1768
1177		BRNO (CS), 1769—1806?; *veränderliche Jahreszahlen* *im Stempel*
1178		ZNOJMO (CS), 1769—1806?; *veränderliche* *Jahreszahlen im Stempel*
1179		OLOMOUC (CS), 1769—1806?; *veränderliche* *Jahreszahlen im Stempel*
1180		MECHELEN (B), 18. Jahrhundert
1181 1182		LISBOA (P), 1886—1938; *Feingehalt 916/1000,* *833/1000; für* *große Gegenstände;* *Toleranz 002/1000*

1183 1184		PORTO (P), 1886—1938, *Feingehalt 916/1000,* *833/1000; für* *große Gegenstände;* *Toleranz 002/1000*
1185 1186		GONDOMAR (P), 1886—1913, *Feingehalt 916/1000,* *833/1000; für* *große Gegenstände;* *Toleranz 002/1000*
1187 1188		BRAGA (P), 1886—1911, *Feingehalt 916/1000,* *833/1000; für* *große Gegenstände;* *Toleranz 002/1000*
1189 1190		GONDOMAR (P), 1913—1938, *Feingehalt 916/1000,* *833/1000; für* *große Gegenstände;* *Toleranz 002/1000*
1191		SCHWEINFURT (D), 17. Jahrhundert; *verschiedene Variationen*
1192		ÜBERLINGEN (D), 18. Jahrhundert
1193		AACHEN (D), seit dem Jahr 1573 bis zu Beginn des 19. Jahrhunderts; *manchmal mit* *Jahresbuchstaben*
1194		FRANKFURT a. M. (D), 16. Jahrhundert bis Mitte des 18. Jahrhunderts; *verschiedene Variationen* *der Stempelformen*
1195		USA, Wagster, Isaiah, 1776—1793; *Baltimore, Md.*
1196		MODENA (I), 1818—1872, *Feingehalt 10 Unzen 10/12*

1197		MODENA (I), 1818—1872, *Feingehalt 11 Unzen 11/12*
1198		MODENA (I), 17. Jahrhundert
1199		TORINO (I), um das Jahr 1750
1200		PREUSSEN, Steuerstempel für Gegenstände, die nach dem 25. 4. 1809 neu erzeugt wurden; seit dem 10. 9. 1809 für kirchliche Gegenstände, die von der Steuer befreit wurden (Gratisstempel)
1201		PALERMO (I), 17. Jahrhundert
1202		FRANKFURT a. M. (D), Mitte des 18. Jahrhunderts
1203		NEUCHÂTEL (CH), 17.—18. Jahrhundert
1204		ARAD (R), Beginn des 19. Jahrhunderts
1205		ARAD (R), 1847
1206		POTSDAM (D), 18. Jahrhundert

1207		OLOMOUC (CS), vor dem Jahr 1769; *veränderliche Jahreszahlen* *im Stempel*
1208		ARBOGA (S), 17.—18. Jahrhundert
1209		ARBOGA (S), 17.—18. Jahrhundert
1210		ÖREBRO (S), 17.—19. Jahrhundert
1211		TSCHERNIGOW (SU), erste Hälfte des 19. Jahrhunderts
1212		MEMMINGEN (D), 16.—17. Jahrhundert: *verschiedene Variationen der* *Stempelform*
1213		RACIBÓRZ (PL), 17. Jahrhundert
1214		BYTOM (PL), 1736—1770
1215		KAUFBEUREN (D), 18. Jahrhundert
1216		GENÈVE (CH), 18. Jahrhundert

1217		PREŠOV (CS), 18. Jahrhundert
1218		WERTHEIM (D), um das Jahr 1660
1219		HILDESHEIM (D), 16.—17. Jahrhundert
1220		CHEB (CS), 17.—18. Jahrhundert
1221		ORENBURG (SU), Mitte des 19. Jahrhunderts
1222		SUSDAL (SU), Mitte des 18. Jahrhunderts
1223		PARIS (F), 1713—1717, *décharge*
1224		FRANKREICH, 1798—1809, *Feingehalt 950/1000*
1225		FRANKREICH, 1798—1809, *Feingehalt 800/1000*
1226		PARIS (F), 1809—1819, *Feingehalt 950/1000*

1227	PARIS (F), 1809—1819, *Feingehalt 800/1000*
1228	FRANKREICH-DEPARTEMENTS, 1809—1819, *Feingehalt 950/1000*
1229	FRANKREICH-DEPARTEMENTS, 1809—1819, *Feingehalt 800/1000*
1230 **1231** **1232**	JUGOSLAWIEN, seit dem Jahr 1933, *Feingehalt 950/1000, 900/1000, 800/1000; für kleine Gegenstände*
1233	TONGEREN (Tongres) (B), um das Jahr 1759
1234	ZWICKAU (D), 16.—17. Jahrhundert
1235 **1236** **1237**	PARIS (F), 1727—1732, *décharge, mittelgroße Gegenstände*
1238	PAU (F), Mitte des 18. Jahrhunderts
1239	TOULOUSE (F), 1755, *décharge*
1240	'S GRAVENHAGE (NL), 18. Jahrhundert

1241		ROUEN (F), 1768—1774, *décharge*
1242		TOULOUSE (F), 1774—1780, *décharge*, *Miniaturgegenstände*
1243		TOURS (F), Ende des 17. Jahrhunderts, *décharge*
1244		PARIS-GÉNÉRALITÉ (Steuerdistrikt) (F), 1756—1762, *décharge*, *große Gegenstände*
1245		BEAUVAIS (F), 1768—1774, *décharge*
1246		KÄKISALMI (SF), bis zum Jahr 1943
1247		PARIS (F), 1704—1712, *contremarque*, *Miniaturgegenstände*
1248		PARIS (F), 1722—1727, *décharge*, *Miniaturgegenstände*
1249		EINSIEDELN (CH), 17.—18. Jahrhundert
1250		EINSIEDELN (CH), 18. Jahrhundert
1251		CHARTRES (F), 1784—1789

1252		JUGOSLAWIEN, seit dem Jahr 1933, *Einfuhrstempel für Feingehalt 800/1000*
1253		PORTO (P), 1886—1938, *spezielle Gegenstände*
1254		LISBOA (P), 1886—1938, *spezielle Gegenstände*
1255		BRAGA (P), 1886—1911, GONDOMAR (P), 1913—1938, *spezielle Gegenstände*
1256		VERSAILLES (F), 1768—1774, *décharge, große Gegenstände*
1257		PARIS-GÉNÉRALITÉ (Steuerdistrikt) (F), 1756—1762, *décharge, große Gegenstände*
1258		GRENOBLE (F), 1770, *contremarque*
1259		PARIS-GÉNÉRALITÉ (Steuerdistrikt) (F), 1768—1774, *décharge, große Gegenstände*
1260		TOULOUSE (F), 1762—1768, *décharge*
1261		FALKENBERG (S), 18.—19. Jahrhundert
1262		FRANKFURT a. d. Oder (D), 17.—18. Jahrhundert

1263 1264	SCHWEIZ, 1893—1934, *Feingehalt 800/1 000, größere* *Gegenstände, kleinere* *Gegenstände*
1265	SCHWEIZ, 1882—1892, *Feingehalt 800/1000*
1266 1267	LISBOA (P), 1886—1938, *Feingehalt* *916/1 000, 833/1 000; für kleine* *Gegenstände; Toleranz* *002/1000*
1268 1269	PORTO (P), 1886—1938, *Feingehalt 916/1000,* *833/1 000; für* *kleine Gegenstände;* *Toleranz 002/1000*
1270 1271	GONDOMAR (P), 1886—1913, *Feingehalt* *916/1 000, 833/1 000;* *für kleine Gegenstände;* *Toleranz 002/1000*
1272 1273	BRAGA (P), 1886—1911, *Feingehalt 916/1000,* *833/1 000;* *Toleranz 002/1000*
1274 1275	GONDOMAR (P), 1913—1938, *Feingehalt* *916/1 000, 833/1 000;* *für kleine Gegenstände;* *Toleranz 002/1000*
1276	FRANKREICH, die sogenanne *recense générale vom* 1. 9. bis zum 31. 10. 1809; *für mittelgroße Gegenstände*
1277	PARIS (F), 1781—1789, *eingeführte Gegenstände*
1278	PARIS (F), 1783, *décharge,* *mittelgroße Gegenstände*
1279	PARIS (F), 1798, *Feingehalt 800/1000*

1280 1281		PARIS (F), 1798, *Feingehalt 950/1000,* *900/1000*
1282		TOULOUSE (F), 1780—1789, *décharge,* *Miniaturgegenstände*
1283		PARIS (F), 1744—1750, *décharge, kleine* *Gegenstände*
1284		PARIS (F), 1783, *décharge,* *kleine Gegenstände*
1285		JUGOSLAWIEN, 1882—1919, *Feingehalt* *750/1000, für kleine* *Gegenstände; gültig für* *das Gebiet des ehemaligen* *Königreiches Serbien*
1286		GRENOBLE (F), 1770, *contremarque*
1287		PARIS-GÉNÉRALITÉ, (Steuerdistrikt) (F), 1768—1774, *décharge,* *Miniaturgegenstände*
1288		PARIS (F), 1750—1756, *décharge, kleine Gegenstände*
1289		SAUMUR (F), 1756—1762, *charge*
1290		UNGARN, 1937—1965, *Feingehalt 900/1000, kleine* *Gegenstände*
1291		MALMÖ (S), 17.—19. Jahrhundert
1292		MALMÖ (S), 17.—19. Jahrhundert

1293		SZCZECIN (PL), 18. Jahrhundert
1294		BEAUMONT-SUR-OISE (F), 1768—1774, *décharge*
1295		FREIBURG i Breisgau (D), 17.—18. Jahrhundert
1296		PARIS (F), 1717—1722, *contremarque, große Gegenstände*
1297		CHÂTEAU GONTIER (F), 18. Jahrhundert
1298		JUGOSLAWIEN 1919—1933, *Feingehalt 750/1000, kleine Gegenstände*
1299		CHARTRES (F), 1768—1774, *décharge*
1300		LYON (F), 1768—1775, *contremarque*
1301		ETAMPES (F), 1768—1774, *contremarque*
1302		PONTOISE (F), 1768—1774, *décharge*

1303		FRANKREICH- Division Nord Est, 1819—1838, *die sogenannte Garantie für kleine Gegenstände*
1304		FRANKREICH- Division Sud Ouest, 1819—1838, *die sogenannte Garantie für kleine Gegenstände*
1305		PARIS (F), 1738—1744, *contremarque*
1306		MELUN (F), 1784—1789
1307		LAHOLM (S), 18.—19. Jahrhundert
1308		MARSTRAND (S), 18.—19. Jahrhundert
1309		ÖSTHAMMAR (S), 18.—19. Jahrhundert
1310		SIMRISHAMN (S), 19. Jahrhundert
1311		NARWA (SU), 17. Jahrhundert

1312		NARWA (SU), 18. Jahrhundert
1313		ENGELHOLM (S), 18.—19. Jahrhundert
1314		UUSIKAUPUNKI (SF), bis zum Jahr 1943
1315		SARATOW (SU), zweite Hälfte des 18. Jahrhunderts und 19. Jahrhundert
1316		ENKHUIZEN (NL), 18. Jahrhundert
1317 1318 1319		RUMÄNIEN, 1906—1926 *Feingehalt 950/1000, 800/1000, 750/1000*
1320		FRANKREICH-Division Sud, 1819—1838, *die sogenannte Garantie für kleine Gegenstände*
1321		FRANKREICH-Division Nord Ouest, 1819—1838, *die sogenannte Garantie für kleine Gegenstände*
1322		BEAUVAIS (F), 1784—1789, *décharge*
1323		TOURS (F), Beginn des 18. Jahrhunderts, *décharge*
1324		SIMRISHAMN (S), 18. Jahrhundert

1325		ST. GERMAIN (F), 1756, *decharge*
1326		PARIS (F), 1744—1750, *ältere große Gegenstände*
1327		RENNES (F), 1740, *charge*
1328		NANTES (F), 1731, *décharge*
1329		PARIS (F), 1783, *contremarque*
1330		BRAY-SUR-SEINE (F), 1768—1774, *décharge*
1331		TOULOUSE (F), 17. Jahrhundert, *décharge*
1332		LYON (F), 1768—1775, *eingeführte Gegenstände*
1333		PARIS (F), 1756—1762, *décharge Miniaturgegenstände*
1334		BORDEAUX (F), 1780—1789, *décharge, Miniaturgegenstände*

1335	FRANKREICH-Division Est, 1819—1838, *die sogenannte Garantie für* *kleine Gegenstände*
1336	PARIS (F), 1768—1774, *Einfuhrstempel für kleine* *Gegenstände*
1337	PROVINS (F), 1768—1774, *décharge*
1338	ETAMPES (F), 1784—1789
1339	FRANKREICH, 1838—1893, *die sogenannte* *Garantie für Silberuhren*
1340	FRANKREICH, 1838 bis zur Gegenwart, *die sogenannte* *petit garantie für kleine* *Gegenstände*
1341	LYON (F), 1768—1775, *décharge, große Gegenstände*
1342	PARIS (F), 1762—1768, *décharge, große Gegenstände*
1343	FRANKREICH-Division Ouest, 1819—1838, *die sogenannte Garantie für* *kleine Gegenstände*
1344	ROUEN (F), 1768—1774, *décharge*
1345	ETAMPES (F), 1768—1774, *décharge*

1346		FRANKREICH, 1838—1864, *Einfuhrstempel*
1347		LISBOA (P), seit dem Jahr 1891, *für Uhren mit* *Feingehalt 800/1000*
1348		PORTO (F), seit dem Jahr 1891, *für Uhren mit* *Feingehalt 800/1 000*
1349		LISBOA (P), seit dem Jahr 1891, *plaqué*
1350		PORTO (P), seit dem Jahr 1891, *plaqué*
1351		FRANKREICH-Division Sud-Est, 1819—1838, *die sogenannte Garantie für* *kleine Gegenstände*
1352		FONTAINEBLEAU (F), 1768—1774, *contremarque*
1353		TSCHECHOSLOWAKEI, 1921, *Vorratsstempel*
1354		COULOMMIERS (F), 1768—1774, *contremarque*
1355		GIEN (F), 1768—1774, *décharge*
1356		COMPIÈGNE (F), 1768—1774, *décharge*

1357	METZ (F), 1780—1791, *décharge, kleine Gegenstände*
1358	PARIS (F), 1722—1727, *contremarque*
1359	FRANKREICH-Division Nord, 1819—1838, *die sogenannte Garantie für kleine Gegenstände*

PFLANZEN

1360	EKSJÖ (S), 18.—19. Jahrhundert
1361	VIMMERBY (S), 18.—19. Jahrhundert
1362	STAVANGER (N), erste Hälfte des 18. Jahrhunderts
1363	LINDESBERG (S), 18. Jahrhundert
1364	HEDEMORA (S), Ende des 18. Jahrhunderts u. 19. Jahrhundert
1365	SCHWEDEN, Provinz Blenkingen, 18. Jahrhundert
1366	SCHWEDEN, Provinz Blenkingen, 18. Jahrhundert

1367		GLASGOW (GB), vom 17. Jahrhundert bis zur Gegenwart, verschiedene Abweichungen; seit dem Jahr 1781 in rechtwinkliger Form
1368		s HERTOGENBOSCH (NL), 17. Jahrhundert
1369		TRIESTE, 1797—1806, *für 15lötiges Silber*
1370		TRIESTE, 1797—1806, *für 13lötiges Silber*
1371		HOLBAEK (DK), 19. Jahrhundert
1372		UDDEVALLA (S), 18.—19. Jahrhundert
1373		PENZA (SU), 1854
1374		NORA (S), Ende des 18. Jahrhunderts u. 19. Jahrhundert
1375		NORA (S), 18. Jahrhundert
1376		FRANKREICH-DEPARTEMENTS, 1819—1838, *Einfuhrstempel für kleine Gegenstände*

1377		PERONNE (F), 1768—1774, *eingeführte Gegenstände*
1378		TOULOUSE (F), 1774—1780, *décharge*
1379		TROYES (F), 1780—1789
1380		PARIS (F), 1756—1762, *contremarque*
1381		PARIS (F), 1762—1768, *charge, Miniaturgegenstände*
1382		PARIS (F), 1704—1712, *reconnaissance, Miniaturgegenstände*
1383		SENS (F), 1768—1774, *contremarque*
1384		VERSAILLES (F), 1768—1774, *charge, mittelgroße Gegenstände*
1385		RIOM (F), 1780—1789, *décharge, große Gegenstände*
1386		LYON (F), 1762—1768, *ältere Gegenstände*

1387		ROUEN (F), 1780—1789, *décharge, große Gegenstände*
1388		MANTES (F), 1774—1780, *contremarque*
1389		DIJON (F), 1780—1791, *décharge, große Gegenstände*
1390 **1391**		TUNESIEN, seit dem Jahr 1905, *Feingehalt 900/1000, 800/1000; große Gegenstände*
1392		ITALIEN, 1810—1872, *Feingehalt 950/1000, für kleine Gegenstände*
1393		ST. GERMAIN, (F), 1781, *décharge, große Gegenstände*
1394		PARIS-GÉNÉRALITÉ (Steuerdistrikt) (F), 1775—1781, *für Miniaturgegenstände*
1395		ROUEN (F), 1774—1780, *décharge, Miniaturgegenstände*
1396		DIJON (F), 1775—1780, *décharge, große Gegenstände*
1397		AMIENS (F), 1780—1791 *décharge, große Gegenstände*

1398		AUGSBURG (D), 1675—1685
1399		AUGSBURG (D), 1680—1696
1400		AUGSBURG (D), 1712—1713
1401		AUGSBURG (D), 1723—1735
1402		AUGSBURG (D), 1723—1735
1403		AUGSBURG (D), veränderliche Buchstaben, die einen bestimmten Zeitraum bedeuten, hier 1787—1789
1404		RAPPERSWIL (CH), 16.—17. Jahrhundert
1405		RAPPERSWIL (CH), 18. Jahrhundert
1406		LANDSKRONA (S), 17.—18. Jahrhundert
1407		LANDSKRONA (S), 19. Jahrhundert

1408		FALUN (S), 18.—19. Jahrhundert
1409		BORDEAUX (F), Ende des 18. Jahrhunderts, *décharge*
1410		VERSAILLES (F), 1780—1789, *décharge,* *große Gegenstände*
1411		PARIS (F), recense vom 16. August bis zum 16. November 1819; *für* *große Gegenstände*
1412		MANTES (F), 1774—1780, *décharge*
1413		GRENOBLE (F), 1780—1791, *décharge,* *Miniaturgegenstände*
1414		SCHWEDEN, Provinz Blenkingen, 18. Jahrhundert
1415		PROVINS (F), 1784—1789
1416		FRANKREICH- DEPARTEMENTS, 1819—1838, *Einfuhrstempel* *für große Gegenstände*
1417		MELUN (F), 1774—1780, *décharge*

1418		PARIS (F), 1768—1774, *charge, kleine Gegenstände*
1419		PARIS (F), 1717—1722, *reconnaissance*
1420		LYON (F), 1768—1775, *ältere Gegenstände .*
1421		DREUX (F), 1768—1774, *décharge*
1422		LYON (F), 1780—1791, *décharge, große Gegenstände*
1423		BAYONNE (F), 1780—1789, *décharge, Miniaturgegenstände*
1424		DORDRECHT (NL), 18. Jahrhundert
1425		PARIS (F), 1781—1789, *Miniaturgegenstände*
1426		PARIS (F), recense vom 16. August bis zum 16. November 1819; *für kleine Gegenstände*
1427		ROSENHEIM (D), Mitte des 17. Jahrhunderts

179

1428		TOULOUSE (F), 16.—17. Jahrhundert, *décharge*
1429		NORWICH (GB), 1581—1697; *verschiedene Abweichungen*
1430		PARIS (F), 1756—1762, *reconnaissance*
1431		BAYONNE (F), 1780—1789, *décharge, große Gegenstände*
1432		BORDEAUX (F), Ende des 18. Jahrhunderts, *décharge*
1433		BORDEAUX (F), Ende des 18. Jahrhunderts, *décharge*
1434		LYON (F), 1768—1775, *ältere Gegenstände*
1435		BORDEAUX (F), Ende des 18. Jahrhunderts, *décharge*
1436		GRENOBLE (F), 1780—1791, *décharge, große Gegenstände*
1437		ST. GERMAIN, 1768—1774, *charge, Miniaturgegenstände*

1438		TRONDHEIM (N) mit veränderlicher Jahreszahl im Stempel
1439		HANNOVER-ALTSTADT (D), 17.—18. Jahrhundert; *im 17. Jahrhundert bedeuteten zwei Zahlen im Stempel das Jahr*
1440		PARIS (F), 1704—1712, *reconnaissance, große Gegenstände*
1441		BRAȘOV (R), Mitte des 18. Jahrhunderts
1442		PARIS (F), 1783, *décharge, besonders kleine Gegenstände*
1443		KIEL (D), 18. Jahrhundert
1444		KIEL (D), 17. Jahrhundert: *mit veränderlicher Stempelform*
1445		PARMA u. PIACENZA (I), 1818—1872, *besonders kleine Gegenstände*
1446		PARIS (F), 1684—1687, *besonders kleine Gegenstände*
1447		DIJON (F), 1762—1768, *décharge*

1448		NYSA (PL), 17.—18. Jahrhundert; *verschiedene Variationen der* *Stempelformen; manchmal* *die Jahreszahl im Stempel*
1449		KOŠICE (CS), seit dem 16. Jahrhundert bis zum Jahr ca. 1812
1450		ODENSE (DK), 18. Jahrhundert
1451		JÖNKÖPING (S), 17.—18. Jahrhundert
1452		ENKÖPING (S), 18.—19. Jahrhundert
1453		DILLINGEN a. d. Donau (D), erste Hälfte des 18. Jahrhunderts
1454		PARIS (F), 1680—1684, *décharge, kleine* *Gegenstände*
1455		GRÄNNA (S), 18.—19. Jahrhundert
1456		PARIS (F), 1717—1722, *décharge, große* *Gegenstände*
1457		ANGERS (F), 1734—1741, *décharge*

1458		PARIS (F), 1717—1722, *décharge, mittelgroße Gegenstände*
1459		LILLE (F), 1750
1460		LILLE (F), 1755
1461		LILLE (F), 1776
1462		LILLE (F), 1732
1463		PARIS (F), 1717—1722, *contremarque, kleine Gegenstände*
1464		PARIS (F), 1717—1722, *décharge, große Gegenstände*
1465		TOULOUSE (F), 16.—17. Jahrhundert, *décharge*
1466		TOULOUSE (F), 1726, *décharge*
1467		TOULOUSE (F), 1768—1774, *décharge*

1468		VERSAILLES (F), 1784
1469		TSCHECHOSLOWAKEI, 1921—1940, *eingeführte Gegenstände*
1470		PARIS (F), 1677—1680, *charge, große Gegenstände*
1471		PARIS (F), 1680—1684, *charge; dieser Stempel wurde im Jahr 1681 den anderen beigefügt*
1472		PARIS (F), 1727—1732, *décharge, große Gegenstände*
1473		YORK (GB), 1562—1700; *verschiedene Abweichungen*
1474		LINCOLN (GB), um das Jahr 1624 und in den Jahren 1640—1650
1475		HALMSTADT (S), 18.—19. Jahrhundert
1476		GRENOBLE (F), 1768—1774, *eingeführte Gegenstände*
1477		RENNES (F), 1774—1780, *décharge, große Gegenstände*

1478		FALUN (S), 18.—19. Jahrhundert
1479		CHARKOW (SU), Mitte des 19. Jahrhunderts
1480		GŁOGÓWEK (PL), 18. Jahrhundert
1481		LYON (F), 1762—1768, *eingeführte Gegenstände*
1482		VERSAILLES (F), 1780—1789, *décharge,* *mittelgroße Gegenstände*

HIMMELSKÖRPER

1483		PARIS (F), 1722—1727, *décharge, große* *Gegenstände*
1484		KUOPIO (SF), bis zum Jahr 1943
1485		FÜRTH (D), 19. Jahrhundert
1486		VARKAUS (SF), bis zum Jahr 1943
1487		JUGOSLAWIEN, 1919—1933, *Feingehalt* *900/1000; größere* *Gegenstände*

1488		TÜRKEI, 1939—1942, *Feingehalt 900/1000*
1489		TÜRKEI. 1939—1942, *Feingehalt 800/1000*
1490		TÜRKEI, 1923—1928, *Feingehalt 900/1000*
1491		TÜRKEI, 1923—1928, *Feingehalt 800/1000*
1492		LÜNEBURG (D), seit Beginn des 19. Jahrhunderts
1493		ÖSTERREICH-UNGARN, 1806—1809, *Repunzierungsstempel für größere Gegenstände; die Bedeutung des Buchstabens im Stempel siehe Stempel Nummer 84; hier das Beispiel für Prag*
1494		FÜRTH (D), 18. Jahrhundert
1495		DEUTSCHLAND, seit dem Jahr 1888, *Feingehalt 800/1000 und höher*
1496		HALLE a. d. Saale (D), 17.—18. Jahrhundert; *veränderliche Stempelformen*
1497		MAASTRICHT (NL), 18. Jahrhundert

1498		TUNESIEN, 1856—1905, *Stempel des öffentlichen Prüfers*
1499		PARIS (F), 1684—1687, *reconnaissance*
1500		SPANIEN, seit dem Jahr 1934, *Feingehalt 915/1000*
1501		ROUEN (F), 1768—1774, *décharge*
1502		SPANIEN, seit dem Jahr 1934, *Feingehalt 750/1000*
1503		BRAGA (P), 1881—1887, *Mindestfeingehalt 750/1000*
1504		GUIMARÃES (P), 1881—1887, *Mindestfeingehalt 750/1000*
1505		NORDEN (D), 19. Jahrhundert
1506		NORDEN (D), 18.—19. Jahrhundert
1507		BOLZANO (I), 18. Jahrhundert

1508		BOLZANO (I), Mitte des 18. Jahrhunderts
1509		BOLZANO (I), Beginn des 18. Jahrhunderts
1510		THUN (CH), 17. Jahrhundert
1511		SION (CH), 17. Jahrhundert
1512		SION (CH), 18. Jahrhundert
1513		DOKKUM (NL), 18. Jahrhundert
1514		HAARLEM (NL), 18. Jahrhundert
1515		GOUDA (NL), 17. Jahrhundert
1516		SÖDERKÖPING (S), 18.—19. Jahrhundert
1517		ITALIEN, 1810—1872, *Feingehalt 800/1000, für große Gegenstände*

1518 ÅMÅL (S),
18.—19. Jahrhundert

1519 LEUTKIRCH (D),
17. Jahrhundert

1520   NYKÖPING (S),
17.—19. Jahrhundert; *viele
Variationen*

1521   EDINBURGH (GB),
16.—17. Jahrhundert;
viele Variationen

1522  SPEIER (D),
17. Jahrhundert

1523  BERGEN (N),
18.—19. Jahrhundert;
wechselnde Stempelformen

1524   ST. GERMAIN (F),
1768—1774,
contremarque

1525   TOULOUSE (F),
1750—1756, *charge*

1526 TOURS (F),
1780—1789, *décharge,
große Gegenstände*

1527 ORLÉANS (F),
1762, *décharge*

1528		ALKMAAR (NL), 18. Jahrhundert
1529		NORWICH (GB), 1565—1697; *verschiedene* *Abweichungen*
1530		TOROPEC (SU), 1802
1531		HANKO (SF), bis zum Jahr 1943
1532		KÖSZEG (H), erste Hälfte des 19. Jahrhunderts
1533		BUDAPEST-PEST (H), bis Ende des 18. Jahrhunderts
1534		BUDAPEST-PEST (H), seit ca. 1810 bis 1865; *wechselnde Jahreszahl*
1535		TIMIŞOARA (R), in verschiedenen Stempelformen und mit wechselnder Jahreszahl
1536		NOYON (F), 1768—1774
1537		PRAHA-NOVÉ MĚSTO (CS), 1562—1776; *mit* *wechselnder Jahreszahl*

1538		MAGDEBURG (D), 17. Jahrhundert u. Beginn des 18. Jahrhunderts; *mehrere Variationen*

1538

MAGDEBURG (D),
17. Jahrhundert u. Beginn
des 18. Jahrhunderts;
mehrere Variationen

1539

UHERSKÉ HRADIŠTĚ (CS),
Beginn des 17. Jahrhunderts

1540

RIGA (SU),
19. Jahrhundert

1541

NEWCASTLE (GB), seit
dem Jahr 1672

1542

DÄNEMARK, seit dem
Jahr 1893; *Kontrollstempel,
der geringste bewilligte
Feingehalt 830/1000*

1543

HÄLSINGBORG (S),
19. Jahrhundert

1544

NOVI SAD (YU), seit dem
Ende des 18. Jahrhunderts

1545

FALKÖPING (S),
18.—19. Jahrhundert

1546

HÄLSINGBORG (S),
1. Hälfte des
18. Jahrhunderts

1547

EXETER (GB), 1701,
zweite Hälfte des
19. Jahrhunderts;
verschiedene Abweichungen

1548		LUND (S), 18.—19. Jahrhundert
1549		LUND (S), 18. Jahrhundert
1550		AALBORG (DK), manchmal mit der Jahreszahl im Stempel
1551		HÄLSINGBORG (S), Ende des 18. Jahrhunderts
1552		NYKÖPING (S), 17.—19. Jahrhundert; *viele Variationen*
1553		SHITOMIR (SU), 1823
1554		MALBORK (PL), 17.—18. Jahrhundert
1555		SOPRON (H), bis in die 80 er Jahre des 18. Jahrhunderts
1556		JÖNKÖPING (S), 18.—19. Jahrhundert
1557		BRATISLAVA(CS), bis in die 30 er Jahre des 18. Jahrhunderts

1558		ZABKÓWICE ŚLĄSKIE (PL), Beginn des 18. Jahrhunderts
1559		GENOVA (I), 17.—18. Jahrhundert
1560		TOURNAI (Doornijk) (B), erste Hälfte des 17. Jahrhunderts
1561		BAUTZEN (D), 18. Jahrhundert
1562		PRAHA-STARÉ MĚSTO (CS), 1562—1776; *wechselnde Jahreszahl*
1563		BOLESŁAWIEC (PL), um das Jahr 1750
1564		KRAKÓW (PL), 1809—1835
1565		ALTONA (D), 18. Jahrhundert; *im Stempel veränderliche Jahresbuchstaben*
1566		HAMBURG (D), 17.—18. Jahrhundert; *seit der Mitte des 17. Jahrhunderts wechselnde Jahresbuchstaben im Stempel*
1567		KOMÁRNO (CS), erste Hälfte des 19. Jahrhunderts

1568		BUDAPEST-BUDA (H), bis Ende des 18. Jahrhunderts
1569		WEILHEIM (D), 17.—18. Jahrhundert
1570		KØBENHAVN (DK), seit dem Jahr 1608; *mit wechselnder Jahreszahl im Stempel*
1571		BRATISLAVA (CS), seit den 30 er Jahren des 18. Jahrhunderts bis zu den 60 er Jahren des 19. Jahrhunderts; *wechselnde Jahreszahlen*
1572		SOPRON (H), bis Mitte des 19. Jahrhunderts; wechselnde Jahreszahlen
1573		BUDAPEST-BUDA (H), seit dem Jahr ca. 1810 bis zum Jahr 1865; *wechselnde Jahreszahlen*
1574		LEÓN (E), 18. Jahrhundert
1575		KRAKÓW (PL), 1835—1866, *wechselnde Jahreszahlen, hier das Jahr 1845*
1576		SKARA (S), 18.—19. Jahrhundert
1577		KALUNDBORG (DK), 17. Jahrhundert

1578		PRAHA-MALÁ STRANA (CS), 1666—1776; *wechselnde Jahreszahl im Stempel*
1579		ESZTERGOM (H), Beginn des 19. Jahrhunderts
1580		OREL (SU), 1766
1581		CORCAIGH (EIR), 17.—18. Jahrhundert; *verschiedene Variationen*
1582		KUNGÄLV (S), Ende des 18. Jahrhunderts
1583		KLAIPEDA (SU), 18. Jahrhundert
1584		KRAKÓW (PL), 1809—1835
1585		CLUJ (R), seit dem Ende des 18. Jahrhunderts bis Mitte des 19. Jahrhunderts
1586		BANSKÁ ŠTIAVNICA (CS), erste Hälfte des 19. Jahrhunderts
1587		ALBA JULIA (R), um Mitte des 19. Jahrhunderts

1588		UHERSKE HRADIŠTĚ (CS), 1769—1806?; *wechselnde Jahreszahl*
1589		FRIBOURG (CH), um das Jahr 1630
1590		FRIBOURG (CH), um das Jahr 1710
1591		MIKULOV (CS), 1769—1806?; *wechselnde Jahreszahl*

GEGENSTÄNDE

1592		PARIS (F), 1677—1680, *charge, große Gegenstände*
1593		PARIS (F), 1691—1698, *décharge*
1594		STOCKHOLM (S), 1500—1600
1595		STOCKHOLM (S), 1500—1600
1596		BRAȘOV (R), Mitte des 19. Jahrhunderts
1597		FINNLAND, seit dem Jahr 1810, *Kontrollstempel für inländische Gegenstände*

1598		FINNLAND, seit dem Jahr 1810, *Kontrollstempel für eingeführte Gegenstände*
1599 1600 1601		RUMÄNIEN, 1937—1949; *Feingehalt 950/1 000, 800/1000, 750/1000*
1602 1603 1604		RUMÄNIEN, 1926—1937; *Feingehalt 950/1000, 800/1000, 750/1000*
1605		PARIS (F), 1775—1781; *Gegenstände befreit von Gebühren*
1606		PARIS (F), 1697—1703, *décharge, große Gegenstände*
1607		PARIS (F), 1687—1691, *décharge, große Gegenstände*
1608		PARIS (F), 1681, *ein Stempel, der zu den anderen Stempeln hinzugefügt wurde*
1609		PARIS (F), 1680—1684, *décharge, große Gegenstände*
1610		PARIS (F), 1677—1680, *charge, große Gegenstände*
1611		BORDEAUX (F), 1687—1691, *décharge*
1612		SIGTUNA (S), 18. Jahrhundert

1613		JUGOSLAWIEN, 1919—1933, *eingeführte Gegenstände mit Feingehalt 750/1000*
1614		PARIS (F), 1768—1774, *von Gebühren befreite Gegenstände*
1615		·SHEFFIELD (GB), *seit dem Jahr 1773 bis zur Gegenwart; verschiedene Abweichungen*
1616 1617		PARIS (F), 1684—1687, *décharge*
1618		BORDEAUX (F), 1774—1780, *décharge*
1619		FRANKREICH, 1809—1819, *Stempel für eingeführte große Gegenstände*
1620		PORTO (P), 1886—1911, *Silberbarren*
1621		BRAGA (P), 1886—1911, *Silberbarren*
1622		KALININ (SU), 1816—1830
1623		KALININ (SU), 19. Jahrhundert; *wechselnde Jahreszahl*

1624		KALUGA (SU), 1864
1625		KALUGA (SU), 1870—1880
1626		KOBLENZ (D), 18. Jahrhundert
1627		SCHWEDEN, staatlicher Kontrollstempel, benutzt seit dem Jahr 1752 bis zur Gegenwart
1628		HULL (GB), 1621—1706
1629		BAKU (SU), letztes Viertel des 19. Jahrhunderts; *die Zahlen im Stempel bedeuten den Feingehalt*
1630		SENLIS (F), 1768—1774, *décharge, mittelgroße Gegenstände*
1631		ELLWANGEN a. d. JAGST (D), 18. Jahrhundert
1632		GENT (B), 18. Jahrhundert
1633		PARIS (F) 1744—1750, *ältere kleine Gegenstände*

1634		TOURS (F), 18. Jahrhundert, *décharge?*
1635		LANDSHUT (D), Mitte des 18. Jahrhunderts
1636		LANDSHUT (D), Ende des 18. Jahrhunderts
1637		GRENOBLE (F), 1775—1780, *décharge, Miniaturgegenstände*
1638		LA ROCHELLE (F), 1780—1791, *décharge, große Gegenstände*
1639		PARIS (F), 1768—1774, *eingeführte große Gegenstände*
1640		PARIS (F), 1781—1789, *Mont de Piété*
1641		MELUN (F), 1774—1780, *contremarque*
1642		DIJON (F), 1774—1780, *décharge, Miniaturgegenstände*
1643		LIMOGES (F), 1774—1780, *décharge, Miniaturgegenstände*
1644		RIOM (F), 1774—1780, *décharge, kleine Gegenstände*

1645		BOURGES (F), 1780—1789, *décharge,* *Miniaturgegenstände*
1646		LYON (F), 1768—1775, *eingeführte Gegenstände*
1647		VERSAILLES (F), 1762, *décharge,* *Miniaturgegenstände*
1648		AUDENARDE (Oudenaarde) (B), um das Jahr 1600
1649		AUDENARDE (Oudenaarde) (B), seit dem Jahr 1655
1650		MONTEREAU (F), 1768—1774, *décharge*
1651		RENNES (F), 1774—1780, *décharge,* *Miniaturgegenstände*
1652		VESOUL (F), 1784—1789
1653		BEAUVAIS (F), 1768—1774
1654		ROUEN (F), 1768—1774, *décharge*
1655		METZ (F), 1780—1791, *décharge, große* *Gegenstände*

1656		ABBEVILLE (F), 1768—1774
1657		PARIS-GÉNÉRALITÉ (Steuerdistrikt) (F), 1775—1781, *contremarque*
1658		BASEL (CH), Mitte des 17. Jahrhunderts
1659		BASEL (CH), 18. Jahrhundert
1660		BASEL (CH), 17.—18. Jahrhundert
1661		BASEL (CH), 18. Jahrhundert
1662		NIVELLES (B), 17. Jahrhundert
1663		EGER (H), erste Hälfte des 19. Jahrhunderts
1664		LUDWIGSBURG (D), 19. Jahrhundert
1665 1666		ITALIEN, seit dem Jahr 1935, *Feingehalt* *925/1000, 800/1000*

1667		JAPAN, seit dem Jahr 1928; *immer mit dem Feingehaltsstempel in Tausendsteln*
1668		BELGIEN, 1831—1869, *die sogenannte Garantie für amtliche Prüfung des Feingehalts*
1669		ESSEN (D), 17. Jahrhundert
1670		ASTRACHAN (SU), zweite Hälfte des 18. Jahrhunderts
1671		ASTRACHAN (SU), erste Hälfte des 19. Jahrhunderts
1672		KEŽMAROK (CS), seit Beginn des 18. Jahrhunderts bis zum Jahr ca. 1800
1673		KEŽMAROK (CS), um das Jahr 1850
1674		HEINOLA (SF), bis zum Jahr 1943
1675		FREIBERG (D), 18.—19. Jahrhundert
1676		LEIPZIG (D), 17.—18. Jahrhundert; *mit wechselnder Stempelform*

1677		DRESDEN (D), Ende des 18. Jahrhunderts u. 19. Jahrhundert
1678		SIBIU (R), seit Ende des 18. Jahrhunderts
1679		TOBOLSK (SU), 1792—1794
1680		ST. GERMAIN (F), 1768—1774, *décharge, Miniaturgegenstände*
1681		SENLIS (F), 1768—1774, *contremarque*
1682		FRANKREICH, 1798—1809, *sogenannter poincon de vieux für ältere Gegenstände, die erneut zum Verkauf gegeben wurden*
1683		FRANKREICH-DEPARTEMENTS, 1809—1819, *die sogenannte petite Garantie*
1684		PARIS (F), 1809—1819, *die sogenannte Garantie für kleine Gegenstände*
1685		FRANKREICH, 1798—1809, *die sogenannte Garantie tür kleine Gegenstände*
1686		PARIS (F), 1722—1727, *décharge, mittelgroße Arbeiten*

1687		ST. GERMAIN (F), 1768—1774, *décharge,* *große Gegenstände*
1688		BORDEAUX (F), 1780—1789, *décharge,* *große Gegenstände*
1689		SENS (F), 1784—1789
1690		JUGOSLAWIEN, 1919—1933, *Feingehalt* *900/1000; für kleine* *Gegenstände*
1691		UPPSALA (S), 17.—19. Jahrhundert
1692		UPPSALA (S), 17.—19. Jahrhundert
1693		SÄTER (S), 19. Jahrhundert
1694		JÁCHYMOV (CS), 17.—18. Jahrhundert
1695		BANSKÁ ŠTIAVNICA (CS), 17.—18. Jahrhundert
1696		SALA (S), 17.—19. Jahrhundert

1697		JUGOSLAWIEN, 1919—1933, *Feingehalt 800/1000, für große Gegenstände*
1698		BIEL (Bienne) (CH), 18. Jahrhundert
1699		SENLIS (F), 1768—1774, *charge, große Gegenstände*
1700		BARDEJOV (CS), 18. Jahrhundert
1701		SPIŠSKÁ NOVÁ VES (CS), um Mitte des 19. Jahrhunderts
1702		SORTAVALA (SF), bis zum Jahr 1943
1703		SUNDSVALL (S), 18.—19. Jahrhundert
1704		LULEÅ (S), 18. Jahrhundert
1705		LEUVEN (Louvain) (B), 18. Jahrhundert
1706		COULOMMIERS (F), 1768—1774, *décharge*

1707		PÄRNU (SU), 18. Jahrhundert
1708		BREMEN (D), erste Hälfte des 18. Jahrhunderts
1709		WORMS (D), beim Überang vom 17. zum 18. Jahrhundert
1710		BREMEN (D), um das Jahr 1750
1711		STANS (CH), 18. Jahrhundert
1712		PLZEŇ (CS), 18. Jahrhundert
1713		LEGNICA (PL), 17.—18. Jahrhundert
1714		NEUVEVILLE (CH), 17. Jahrhundert
1715		RIGA (SU), 16.—18. Jahrhundert
1716		LEIDEN (NL), 18. Jahrhundert

1717		REGENSBURG (D), 18. Jahrhundert; im 16. u. 17. Jahrhundert ohne den Buchstaben G
1718		LULEÅ (S), 19. Jahrhundert
1719		ROMA (I), 17.—18. Jahrhundert
1720		ROMA (I), Ende des 17. Jahrhunderts
1721		ROMA (I), Ende des 17. Jahrhunderts
1722		STADTAMHOF (D), 1767
1723		TARTU (SU), 17.—18. Jahrhundert
1724		NAUMBURG a. d. Saale (D), 16.—18. Jahrhundert; *viele Variationen der Stempelformen*
1725		STRÄNGNÄS (S), 18.—19. Jahrhundert
1726		VERSAILLES (F), 1768—1774, *décharge, mittelgroße Gegenstände*

1727		SENLIS (F), 1768—1774, *décharge, große Gegenstände*
1728		MEAUX (F), 1774—1780, *contremarque*
1729		BOURGES (F), 1780—1789, *décharge, große Gegenstände*
1730		PARIS (F), 1727—1732, *contremarque*
1731		BAILE ÁTHA CLIATH (EIR), 17.—19. Jahrhundert; *viele Variationen*
1732		PARIS (F), 1781—1789, *ältere Gegenstände*
1733		BELGIEN, 1831—1869, *staatlicher Feingehaltsstempel*
1734		PROVINS (F), 1768—1774, *contremarque*
1735		PARIS (F), 1768—1774, *contremarque*
1736		URACH (D), um das Jahr 1700

1737		HOORN (NL), 17.—18. Jahrhundert
1738		STRAUBING (D), Mitte des 18. Jahrhunderts
1739		VERSAILLES (F), 1768—1774, *eingeführte Gegenstände*
1740		SMOLENSK (SU), 2. Hälfte des 18. Jahrhunderts u. 19. Jahrhundert
1741		MAINZ (D), 18. Jahrhundert; *die* *Jahreszahl wird gesondert* *vom Stempel geprägt*
1742		KULDIGA (SU), 18.—19. Jahrhundert
1743		OSNABRÜCK (D?), Beginn des 18. Jahrhunderts; *mehrere Variationen*
1744		MAINZ (D), 1765—1769
1745		TRNAVA (CS), veränderliche Stempelform; manchmal im Stempel die Jahreszahl
1746		VÄ (S), 16. Jahrhundert

1747		KREMNICA (CS), bis Ende des 18. Jahrhunderts
1748		KREMNICA (CS), 1. Hälfte des 19. Jahrhunderts
1749		MAINZ (D), 19. Jahrhundert
1750		ROYE (F), 1768—1774
1751		ROUEN (F), 1768—1774, *décharge*
1752		MONTDIDIER (F), 1768—1774
1753		MONTREUIL (F), 1768—1774
1754		ROUEN (F), 1774—1780, *décharge, große Gegenstände*
1755		PERONNE (F), 1768—1774
1756		CALAIS (F), 1768—1774, *eingeführte Gegenstände*

1757		DIJON (F), 1762—1768, *décharge*
1758		LYON (F), 1762—1768, *contremarque*
1759		LIMOGES (F) 1774—1780, *décharge, große Gegenstände*
1760		VLISSINGEN (NL), 18. Jahrhundert
1761		DUNDEE (GB), 1628—1840, *viele Variationen*
1762		RENNES (F), 1780—1789, *décharge, große Gegenstände*
1763		PARIS (F), 1781—1789, *Exportgegenstände*
1764		POITIERS (F), 1780—1791, *décharge, große Gegenstände*
1765		ST. QUENTIN (F), 1768—1774
1766		ROUEN (F), 1768—1774, *décharge*

1767		NANTES (F), 1762—1769, *décharge*
1768		UUSIKAARLEPYY (SF), *bis zum Jahr 1943*
1769		DREUX (F), 1768—1774, *contremarque*
1770		BAYONNE (F), 1774—1780, *décharge, große Gegenstände*
1771		BORÅS (S), 18.—19. Jahrhundert
1772		SCHÄRDING (A), um das Jahr 1600
1773		LONS-LE-SAUNIER (F), 1784—1789
1774		AUXERRE (F), 1784—1789
1775		BESANÇON (F), 1784—1789
1776		EDINBURGH (GB), seit dem Jahr 1760 bis zur Gegenwart; *Stempel des Prüfers*
1777		BESANÇON (F), 1784—1789

1778		FONTAINEBLEAU (F), 1768—1774, *décharge*
1779		TROYES (F), 1780—1789
1780		BEAUMONT-SUR-OISE (F), 1768—1774, *contremarque*
1781		CAEN (F), 1774—1780, *décharge, Miniaturgegenstände*
1782		PARIS-GÉNÉRALITÉ (Steuerdistrikt) (F), 1775—1781, *reconnaissance*
1783		CAEN (F), 1744—1750, *décharge, Miniaturgegenstände*
1784		VERSAILLES (F), 1768—1774, *contremarque*
1785		VERSAILLES (F), 1745, *charge*
1786		AMIENS (F), 1768—1774, *décharge*
1787		PARIS (F), 1781—1789, *reconnaissance*

1788		PARIS (F), 1732—1738 *contremarque*
1789		PARIS (F), 1727—1732, *décharge, Miniaturgegenstände*
1790		CALAIS (F), 1768—1774
1791		MANTOVA (I), 17. Jahrhundert
1792		VENEZIA (I), Kontrollstempel vor dem Jahr 1810
1793		MILANO (I), Kontrollstempel vor dem Jahr 1810
1794		ITALIEN, 1810—1872, *Feingehalt 800/1000, für kleine Gegenstände*
1795		VÄSTERVIK (S), 18.—19. Jahrhundert
1796		HELSINGØR (DK), 1741
1797		STRÖMSTAD (D), 19. Jahrhundert

1798		CORCAIGH (EIR), 17.—18. Jahrhundert, *mehrere Variationen*
1799		VÄNERSBORG (S), 18.—19. Jahrhundert
1800		KOSTROMA (SU), 1769—1813
1801		VÄSTERVIK (S), 18.—19. Jahrhundert
1802		HJO (S), 18.—19. Jahrhundert
1803		KRISTINEHAMN (S), 18.—19. Jahrhundert
1804		KOSTROMA (SU), 1880—1890; *die Zahlen bezeichnen den Feingehalt*
1805		ITALIEN, 1810—1872, *Feingehalt 950/1000, für große Gegenstände*
1806		SÖDERHAMN (S), 18.—19. Jahrhundert
1807		HELSINKI (SF), bis zum Jahr 1943
1808		CAEN (F), 1744—1750, *décharge, große Gegenstände*

1809		BIRMINGHAM (GB), seit dem Jahr 1773 bis zum 20. Jahrhundert; *verschiedene Abweichungen*
1810		DÜSSELDORF (D), 17.—18. Jahrhundert
1811		NORRTÄLJE (S), 18.—19. Jahrhundert
1812		TSCHECHOSLOWAKEI, 1921—1940, *Ausfuhrgegenstände*
1813		ODESSA (SU), 1848
1814		LENINGRAD (SU), 1851
1815		LENINGRAD (SU), 1776—1825
1816		LENINGRAD (SU), letztes Viertel des 19. Jahrhunderts; *die Ziffern bezeichnen den Feingehalt*
1817		ZEICHEN KOSTROMA (SU), 1813—1831
1818		PORTO (P), 1911—1938, *Silberbarren*

1819		GONDOMAR (P), 1913—1938, *Silberbarren*
1820		ROTTERDAM (NL), 18. Jahrhundert
1821		SPANIEN, 1881—1934, *Feingehalt 916/1000*
1822		LIÈGE (Luik) (B), 1724—1743
1823		LISBOA (P), 1886—1938, *Silberbarren*
1824		KUTNÁ HORA (CS), 17.—18. Jahrhundert
1825		NOWOTSCHERKASK (SU), 1847—1880
1826		HALICZ (SU), 1758—1780
1827		TARTU (SU), 1862
1828		TULA (SU), 1796- 19. Jahrhundert

1829		CHESTER (GB), 17. Jahrhundert und seit dem Jahr 1780 bis zur Gegenwart; *verschiedene Abweichungen*
1830		FRIBOURG (CH), Mitte des 18. Jahrhunderts
1831		KROMĚŘÍŽ (CS), bis zum Jahr 1798
1832		SCHWEIZ, „Poincon de Notoriété"; eine Nachahmung der französischen Stempel aus dem 18. Jahrhundert
1833		TONGEREN (Tongres) (B), um das Jahr 1759
1834		PARIS (F), 1756—1762, *charge, Miniaturgegenstände*
1835		LIÈGE (Luik) (B), 1688—1693
1836		LIÈGE (Luik) (B), 1650—1688,
1837		LIÈGE (Luik) (B), 1693—1705?
1838		LIÈGE (Luik) (B), 1711—1723

1839	LIÈGE (Luik) (B), 1744—1763
1840	DENDERMONDE (Termonde) (B), 18. Jahrhundert
1841	LEUVEN (Leuvain) (B), 18. Jahrhundert
1842	MÜNSTER I. Westfalen (D) 16.—17. Jahrhundert; *veränderliche Stempelformen*
1843	ZUG (CH), 18. Jahrhundert
1844	ZOFINGEN (CH), 18. Jahrhundert
1845	BRNO (CS), seit Mitte des 16. Jahrhunderts bis Mitte des 17. Jahrhunderts
1846	LAUSANNE (CH), 18. Jahrhundert
1847	KALUGA (SU), Ende des 18. Jahrhunderts und Beginn des 19. Jahrhunderts
1848	ZUG (CH), 16.—17. Jahrhundert

1849	ULM (D), 17. Jahrhundert
1850	ULM (D), 18. Jahrhundert
1851	ULM (D), 17.—18. Jahrhundert
1852	INNSBRUCK (A), 1766—1806
1853	KASSEL (D), 18. Jahrhundert
1854	KÖLN (D), 2. Hälfte des 17. Jahrhunderts; *veränderliche Buchstaben*
1855	LIÈGE (Luik) (B), 1772—1784
1856	BADEN IM AARGAU (CH) 16.—17. Jahrhundert
1857	BREGENZ (A), um das Jahr 1732
1858	PAYERNE (CH), 16.—17. Jahrhundert

1859		LUZERN (CH), 16. Jahrhundert
1860		SCHWEIZ, 17.—18. Jahrhundert, *der Stempel des Kantons* *Luzern*
1861		LUZERN (CH), 2. Hälfte des 19. Jahrhunderts
1862		PFORZHEIM (D), 18.—19. Jahrhundert
1863		CHESTER (GB), 1701—1779
1864		HALBERSTADT (D), 18. Jahrhundert; *wechselnde Stempelform*
1865		ANSBACH (D), 17.—18. Jahrhundert
1866		BADEN-BADEN (D), 18.—19. Jahrhundert
1867		ANSBACH (D), 18. Jahrhundert
1868		KARLSRUHE (D), nach dem Jahr 1806

1869		SALINS (F), Mitte des 18. Jahrhunderts
1870		UTRECHT (NL), 18. Jahrhundert
1871		ALTENBURG (D), 17.—18. Jahrhundert; *ungewiß, ob es Altenburg ist, möglicherweise auch Annaberg (D)*
1872		KASSEL (D), 18.—19. Jahrhundert; *wechselnde Jahresbuchstaben*
1873		NEUCHÂTEL (CH), 1820—1866
1874		HANAU (D), 18. Jahrhundert
1875		HANAU (D), Mitte des 18. Jahrhunderts, *(Neu-Hanau)*
1876		KORTRIJK (Courtrai)(B), seit Mitte des 17. Jahrhunderts bis zum Ende des 18. Jahrhunderts
1877		FRANKENTHAL (D), 17. Jahrhundert
1878		WÜRZBURG (D), Beginn des 19. Jahrhunderts

1879		WIEN (A), 1790—1866, *für die Erzeugnisse der Waffenschmiede und Uhrmacher; nur 13lötiges Silber*
1880		WIEN (A), 1764—1806, *für die Erzeugnisse der Waffenschmiede und und Uhrmacher; nur 13lötiges Silber*
1881		BANSKÁ BYSTRICA (CS), 18. Jahrhundert; *wechselnde Jahreszahlen*
1882		BANSKÁ BYSTRICA (CS), 1. Hälfte des 19. Jahrhunderts; *veränderliche Jahreszahlen*
1883		KOŠICE (CS), seit dem Jahr ca. 1812 bis zum Jahr ca. 1867; *veränderliche Jahreszahlen*
1884		GYÖR (H), seit dem Jahr ca. 1815 bis zum Jahr ca. 1860; *veränderliche Jahreszahlen*
1885		WIEN (A), 1691—1737, *veränderliche Jahreszahlen; für 13lötiges Silber*
1886		LINZ (A), 1737 (1787?) —1806; *veränderliche Jahreszahlen*
1887		TORINO (I), seit dem Jahr 1678; *mit veränderlichen Buchstaben im Stempel*
1888		ZWOLLE (NL), 18. Jahrhundert

1889		WIEN (A), vor dem Jahr 1530
1890		WIEN (A), 1530—1548
1891		WIEN (A), 1570—1674
1892		WIEN (A), 1675—1737; *wechselnde Jahreszahlen*
1893		WIEN (A), 1737—1784, *für 15lötiges Silber; wechselnde Jahreszahlen*
1894		WIEN (A), 1737—1784, *für 13lötiges Silber; wechselnde Jahreszahlen*
1895		WIEN (A), 1791—1806, *für 15lötiges Silber; wechselnde Jahreszahlen*
1896		WIEN (A), 1784—1806, *für 13lötiges Silber; wechselnde Jahreszahlen*
1897 **1898**		ÖSTERREICH-UNGARN, 1806—1866, *für 15lötiges Silber; wechselnde Jahreszahlen; die Bedeutung der Buchstaben im Stempel siehe Stempel Nummer 1901—1902*

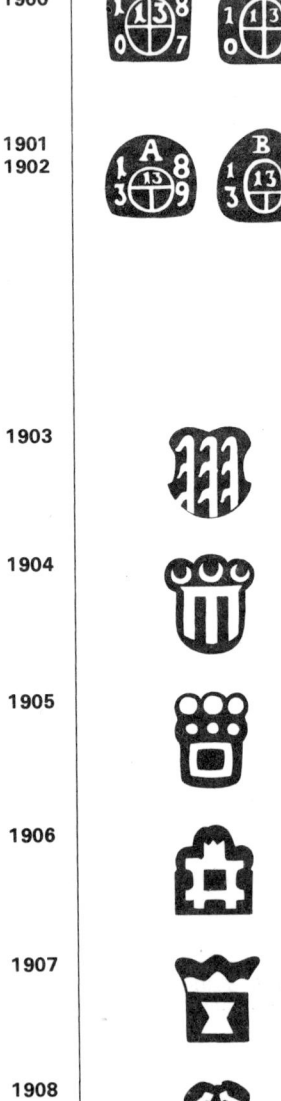

1899 **1900**	ÖSTERREICH-UNGARN, 1806—1866, *für 13 lotiges* *Silber; wechselnde* *Jahreszahlen; die* *Bedeutung der Buchstaben* *in den Stempeln:*
1901 **1902**	A-Wien (A); B-Praha (CS); C-Salzburg (A); D-Lwow (SU); E-Kraków (PL), nur in den Jahren 1807—1809; E-Hall (A), in den Jahren 1824—1866; F-Brno (CS); G-Linz (A); H-Graz (A); I-Klagenfurt (A); K-Ljubljana (YU); L-Trieste
1903	CRAILSHEIM (D), 17. Jahrhundert
1904	TÜBINGEN (D), 16.—17. Jahrhundert
1905	MONS (Bergen) (B), 18. Jahrhundert
1906	HÄLSINGBORG (S), 19. Jahrhundert
1907	SCHWEIZ, „Poincon de Notoriété"; eine Nachahmung der französischen Stempel aus dem 18. Jahrhundert
1908	BRZEG (PL), 16.—17. Jahrhundert

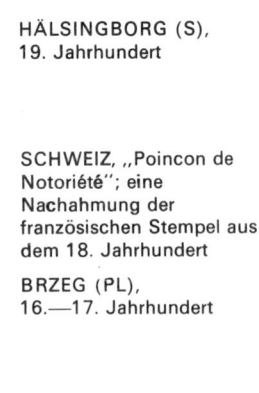

1909		TOULOUSE (F), 17. Jahrhundert, *charge?*
1910		KROMĚŘÍŽ (CS), 1769—1806; *wechselnde Jahreszahl*
1911		WSCHOWA (PL), 17.—18. Jahrhundert
1912		SENLIS (F), 1768—1774, *charge, mittelgroße Gegenstände*
1913		MANTES (F), 1784—1789
1914		STRALSUND (D), 17. Jahrhundert
1915		KURSK (SU), 19. Jahrhundert
1916		USA, Wilcox Michael, 1772—1799, *Maryland*
1917		BRAY-SUR-SEINE, (F), 1768—1774,
1918		TOULOUSE (F), 16.—17. Jahrhundert, *décharge*

1919		VERSAILLES (F), 1762, *charge*
1920		BISCHOFSWERDA (D), Beginn des 18. Jahrhunderts
1921		VERSAILLES (F), 1768—1774, charge, *große Gegenstände*
1922		ST. GERMAIN (F), 1768—1774, *charge*
1923		LYON (F), 1768—1775, *charge, kleine Gegenstände*
1924		RAUMA (SF), bis zum Jahr 1943
1925		ZUTPHEN (NL), 18. Jahrhundert
1926		PADERBORN (D), 18. Jahrhundert
1927		EUTIN (D), 17. Jahrhundert
1928		FULDA (D), Beginn des 18. Jahrhunderts

1929		TALLIN (SU), um das Jahr 1780
1930		TALLIN (SU), 18. Jahrhundert
1931		GYÖR (H), 1. Hälfte des 18. Jahrhunderts
1932		SÖLVESBORG (S), 19. Jahrhundert
1933		BOULOGNE (F), 1768—1774
1934		LANDSBERG a. Lech (D), 17.—18. Jahrhundert
1935		GEERAARDSBERGEN (B), um das Jahr 1608
1936		ATH (AETH) (B), 1662—1788, *veränderliche Stempelformen*
1937		FRIEDBERG (D), 17. Jahrhundert
1938		KÖPING (S), 18. Jahrhundert

1939		KÖPING (S), um das Jahr 1800
1940		KOSTROMA (SU), 70 er Jahre des 19. Jahrhunderts; *die Zahl bedeutet den Feingehalt*
1941		CHERSON (SU), letztes Viertel des 19. Jahrhunderts; *die Zahl bezeichnet den Feingehalt*
1942		SCHWYZ (CH), 17.—18. Jahrhundert
1943		ALÓST (Aelst) (B), Mitte des 18. Jahrhunderts
1944		Baden im Aargau 17.—18. Jahrhundert
1945		LAVAL (F), 1728
1946		KALININGRAD (SU), Ende des 17. Jahrhunderts bis zum Jahr 1800; *mehrere Variationen*
1947		TORINO (I), 18. Jahrhundert
1948		KOSTROMA (SU), 1746

1949		KONSTANZ (D), 19. Jahrhundert
1950		ELBLĄG (PL), Ende des 17. Jahrhunderts und das 18. Jahrhundert
1951		GDAŃSK (PL), 17.—18. Jahrhundert
1952		BREDA (NL), 17. Jahrhundert
1953		AMSTERDAM (NL), 18. Jahrhundert
1954		HAMMELBURG (D), Beginn des 18. Jahrhunderts
1955		PADERBORN (D), 17. Jahrhundert
1956		TÜBINGEN (D), 18. Jahrhundert
1957		TBILISI (SU), letztes Viertel des 19. Jahrhunderts

1958		DEBRECEN (H), 2. Hälfte des 18. Jahrhunderts
1959		LEVOČA (CS), seit dem 16. Jahrhundert bis zum Beginn des 19. Jahrhunderts; *wechselnde Stempelformen*
1960		IEPER (Ypres) (B), 2. Hälfte des 17. Jahrhunderts
1961		KONSTANZ (D), 18. Jahrhundert
1962		KONSTANZ (D), Ende des 17. Jahrhunderts
1963		LEVOČA (CS), 1. Hälfte des 19. Jahrhunderts
1964		TSCHECHOSLOWAKEI, 1929—1940, *Feingehalt* *950/1000*
1965		TSCHECHOSLOWAKEI, 1929—1940, *Feingehalt* *925/1000*
1966		TSCHECHOSLOWAKEI, 1929—1940, *Feingehalt* *900/1000*
1967		TSCHECHOSLOWAKEI, 1929—1940, *Feingehalt* *835/1000*
1968		TSCHECHOSLOWAKEI, 1929—1940, *Feingehalt* *800/1000*

1969		TÜRKEI, 1923, *Feingehalt 900/1000*
1970		TÜRKEI, 1923, *Feingehalt 800/1000*
1971		TUNESIEN, 1856—1905, *die sogenannte Bestätigung* *„Khálés"*
1972		TUNESIEN, 1856—1905, die sogenannte Garantie *„Sahha"*
1973		TUNESIEN, 1856—1905, *Feingehalt „Sekka"* *(900/1000)*
1974		TUNIS (TN), 1856—1905, *Stempel der* *Bejs*
1975		TUNIS (TN), 1856—1905, *Stempel der* *Bejs*
1976		TUNIS (TN), 1856—1905, *Stempel der* *Bejs*
1977		TUNIS (TN), 1856—1905, *Stempel der* *Bejs*
1978		DJERBA (TN), 1856—1905

1979			SOUSSE (TN), 1856—1905
1980			SFAX (TN), 1856—1905
1981			GABES (TN), 1856—1905
1982			TÜRKEI, 1844—1923, *Feingehalt 900/1000*
1983 **1984** **1985**			BENI SUEF (ET), seit dem Jahr 1916; Feingehalt *900/1 000,* *800/1 000, 600/1 000*
1986 **1987** **1988**			TANTA (ET), seit dem Jahr 1916; Feingehalt *900/1 000,* *800/1 000, 600/1 000*
1989 **1990** **1991**			KAHIRA (ET), seit dem Jahr 1916; Feingehalt *900/1 000,* *800/1 000, 600/1 000*
1992 **1993** **1994**			ALEXANDRIA (ET), seit dem Jahr 1916; Feingehalt *900/1 000.* *800/1 000, 600/1 000*

STÄDTE- UND
STAATENVERZEICHNIS

Das Verzeichnis verweist auf die Numerierung der Stempel. Die Bezeichnung der Staaten schließt die Stempel, die auf dem gesamten Gebiet des betreffenden Staates benutzt wurden, ein.

Aachen (D) 1193
Aalborg (DK) 1550
Aarhus (DK) 75
Abbeville (F) 1656
Aberdeen (GB) 62, 63
Aelst siehe Alost (B)
Aeth siehe Ath (B)
Agram siehe Zagreb (YU)
Aguilar (E) 70
Alba Julia (Karlsburg) (R) 79, 80, 826—833, 982, 983, 1587
Alexandria (ET) 1992—1994
Alingsås (S) 59, 1028
Alkmaar (NL) 1528
Alost (Aelst) (B) 1943
Altenburg (D) 863, 1871
Altona (D) 1565
Åmål (S) 1518
Amiens (F) 77, 395, 628, 629, 641, 642, 767, 768, 965, 966, 1061, 1397, 1786
Amsterdam (NL) 1953
Angers (F) 212, 380, 1084, 1457
Ansbach (D) 1865, 1867
Antwerpen (B) 861, 862
Arad (R) 1204, 1205
Arboga (S) 1208, 1209
Archangelsk (SU) 712—715
Askersund (S) 706, 709
Astorga (E) 199
Astrachan (SU) 1670, 1671
Ath (B) 1936
Audenarde (Oudenaarde) (B) 11, 1648, 1649
Augsburg (D) 1398—1403
Aurich (D) 4
Auxerre (F) 1774

Baden-Baden (D) 1866
Baden im Aargau (CH) 1856, 1944
Baile Átha Cliath (Dublin) (EIR) 1731
Baku (SU) 1629
Bamberg (D) 83, 126, 1021
Banská Bystrica (Neusohl) (CS) 1881, 1882
Banská Štiavnica (Schemnitz) (CS) 1586, 1695
Barcelona (E) 110—112
Bardejov (CS) 1700
Basel (CH) 1658—1661
Bauska (SU) 918
Bautzen (D) 1561
Bayonne (F) 76, 342, 345, 351, 399, 878, 1423, 1431, 1770
Beaumont-sur-Oise (F) 1294, 1780
Beauvais (F) 1245, 1322, 1653
Belgien 5—8, 188, 487, 489, 820, 846, 1668, 1733
Beni Suef (ET) 1983—1985
Berezany (SU) 127
Bergen (N) 1523
Bergen siehe Mons (B)
Berlin 1015, 1016
Bern (CH) 1023—1026
Besançon (F) 89, 105, 132, 154, 178, 183, 210, 471, 479, 627, 632—638, 640, 656, 657, 667, 682, 857, 1775, 1777
Biberach a. d. Riss (D) 902, 903
Biel (Bienne) (CH) 1698
Bienne siehe Biel (CH)
Birmingham (GB) 1809
Bischofswerda (D) 1920

Eger siehe Cheb (CS)
Einsiedeln (CH) 1249, 1250
Eksjö (S) 189, 1360
Elbing siehe Elbląg (PL)
Elbląg (Elbing) (PL) 1950
Elgawa (Mitawa) (SU) 1048
Ellwangen a. d. Jagst (D) 1631
Emden (D) 186
Engelholm (S) 1313
England 719—722, 785, 786,
   812—814, 904—911, 967—
   979
Enkhuizen (NL) 1316
Enköping (S) 1452
Erfurt (D) 169
Erlau siehe Eger (H)
Eskilstuna (S) 871, 873
Essen (D) 1669
Estland 922
Esztergom (Gran) (H) 1579
Étampes (F) 107, 1301, 1338,
   1345
Eutin (D) 1927
Évora (P) 201
Exeter (GB) 630, 1547

Falkenberg (S) 1261
Falköping (S) 1545
Falun (S) 1408, 1478
Ferrara (I) 758
Filipstad (S) 881
Finnland 695, 1597, 1598
Firenze (Florenz) (I) 209, 894,
   943
Fontainebleau (F) 1352, 1778
Forssa (SF) 205
Frankreich 200, 668, 733, 734,
   745, 747, 775, 779, 782, 784,
   787, 815, 818, 821, 822, 824,
   852, 895, 1003, 1064, 1091,
   1095, 1224, 1225, 1228, 1229,
   1276, 1303, 1304, 1320, 1321,
   1335, 1339, 1340, 1343, 1346,
   1351, 1359, 1376, 1416, 1619,
   1682, 1683, 1685
Französisch Ostafrika (ehem.)
   1036, 1037
Frankenstein siehe Zabkówice
   Śląskie (PL)
Frankenthal (D) 1877
Frankfurt a. Main (D) 1194, 1202
Frankfurt a. d. Oder (D) 1262

Fraustadt siehe Wschowa (PL)
Fredriksstad (N) 219
Freiberg (D) 206, 1675
Freiburg i. Breisgau (D) 1295
Freising (D) 806
Fribourg (CH) 1589, 1590, 1830
Friedberg (D) 1937
Fulda (D) 1928
Fürth (D) 1485, 1494

Gabes (TN) 1981
Galizien 127
Gävle (S) 221, 232
Gdańsk (Danzig) (PL) 1951
Geeraardsbergen (B) 1935
Genève (Genf) (CH) 1216
Genova (Genua) (I) 1559
Gent (B) 223, 1632
Gerona (E) 236
Gien (F) 1355
Giengen (D) 1031
Glasgow (GB) 1367
Głogówek (Oberglogau) (PL)
   1480
Gondomar (P) 675, 770, 772,
   1108, 1109, 1112, 1113, 1118,
   1119, 1122, 1123, 1185, 1186,
   1189, 1190, 1255, 1270, 1271,
   1274, 1275, 1819
Gorki (Nischni Nowgorod) (SU)
   1027, 1034
Görlitz (D) 241
Göteborg (S) 225, 235
Gotha (D) 224
Gouda (NL) 1515
Gran siehe Esztergom (H)
Gränna (S) 1455
Graz (A) 79, 80, 84, 826—833,
   889, 953—955, 982, 983, 1897
   —1902
Grenoble (F) 150, 233, 660, 661,
   663, 877, 1258, 1286, 1413,
   1436, 1476, 1637
Guimarães (P) 228, 1504
Györ (H) 1884, 1931
Gyulafehérvár siehe Alba Julia
   (R)

Haarlem (NL) 1514
Hanau (D) 1874, 1875
Halberstadt (D) 1864
Halicz 1160, 1826

Hall (A) 79, 80, 826—833, 982,
983, 1897, 1898, 1901, 1902
Halle a. d. Saale (D) 1496
Halmstadt (S) 1475
Hälsingborg (S) 1543, 1546,
1551, 1906
Hamburg (D) 1566
Hammelburg (D) 1954
Hanko (SF) 1531
Hannover (D) 915, 986, 1439
Haparanda (S) 249
Härnösand (S) 243, 244
Hedemora (S) 1364
Heidelberg (D) 912
Heilbronn (D) 251
Heinola (SF) 1674
Helsingør (DK) 1796
Helsinki (SF) 1807
Hermannstadt siehe Sibiu (R)
Hildesheim (D) 1219
Hjo (S) 1802
Holbaek (DK) 1371
Hoorn (NL) 1737
Horsens (DK) 989
Hudiksvall (S) 1058, 1059
Hull (GB) 1628

Ieper, (Ypres) (Ypern) (B) 648,
650, 1960
Iglau siehe Jihlava (CS)
Iisalmi (SF) 260
Ikaalinen (SF) 284
Ilmajoki (SF) 286
Ingolstadt (D) 920
Innsbruck (A) 1852
Irkutsk (SU) 1131, 1133
Italien 198, 788—790, 1392, 1517
1665, 1666, 1794, 1805
Iwano-Frankowsk (Stanislaw)
(SU) 127

Jáchymov (Joachimsthal) (CS)
1694
Japan 694, 1667
Jaroslawl (SU) 1017—1019
Jihlava (Iglau) (CS) 1140
Joachimsthal siehe Jáchymov (CS)
Joensuu (SF) 872
Jönköping (S) 938, 1451, 1556
Jugoslawien 738, 739, 795—797,
900, 993, 994, 1052, 1124,

1230—1232, 1252, 1285,
1298, 1487, 1613, 1690, 1697

Kahira (Kairo) (ET) 1989—1991
Käkisalmi (SF) 1246
Kalinin (Twer) (SU) 1622, 1623
Kaliningrad (Königsberg) (SU)
1946
Kalmar (S) 924, 937
Kaluga (SU) 1161, 1624, 1625,
1847
Kalundborg (DK) 1577
Kamenec-Podolsk (SU) 1162
Karkkila (SF) 259
Karlovy Vary (Karlsbad) (CS) 941
Karlsbad siehe Karlovy Vary (CS)
Karlsburg siehe Alba Julia (R)
Karlshamn (S) 306, 940
Karlskrona (S) 639
Karlsruhe (D) 1868
Karlstad (S) 129
Kasan (SU) 891—893, 896
Kaschau siehe Košice (CS)
Kaskinen (SF) 331
Käsmark siehe Kežmarok (CS)
Kassel (D) 1853, 1872
Kaufbeuren (D) 1215
Kežmarok (Käsmark) (CS) 1672,
1673
Kiel (D) 1443, 1444
Kirow (Wiatka) (SU) 868
Klagenfurt (A) 79, 80, 84, 826—
833, 956, 982, 983, 1897—
1902
Klaipeda (Memel) (SU) 1583
Klausenburg siehe Cluj (R)
København (Kopenhagen) (DK)
1570
Koblenz (D) 1626
Køge (DK) 312
Köln (D) 685, 688, 1854
Kolozvár siehe Cluj (R)
Komárno (CS) Komárom (H)
592, 1567
Königsberg siehe Kaliningrad
(SU)
Konstanz (D) 1949, 1961, 1962
Köping (S) 1938, 1939
Kortrijk (Courtrai) (B) 1876
Košice (Kaschau) (CS) 79, 80,
826—833, 982, 983, 1449,
1883

Östhammar (S) 1309
Oudenaarde siehe Audenarde (B)

Paderborn (D) 1926, 1955
Palermo (I) 1201
Palma de Mallorca (E) 371, 372
Paris (F) 3, 9, 10, 12—16, 18,
  21—25, 27—32, 35, 36, 38—
  43, 45, 47—50, 52—54, 93,
  94, 96, 97, 103, 131, 153, 171,
  172, 175—177, 181, 182, 185,
  187, 207, 208, 211, 214, 215,
  222, 227, 245, 246, 261, 262,
  307—309, 311, 319, 323, 338,
  360, 361, 366, 367, 379, 401,
  402, 404, 413, 414, 432, 433,
  437, 438, 441, 444, 446, 450—
  454, 469, 470, 472—475, 507,
  508, 511, 548, 549, 578, 579,
  584, 586, 623—626, 631, 643,
  654, 655, 658, 677, 732, 735—
  737, 740, 754—757, 761, 762,
  774, 777, 778, 780, 781, 783,
  811, 816, 817, 819, 823, 849,
  853, 854, 860, 985, 995, 996,
  1007, 1008, 1029, 1044, 1049,
  1062, 1067, 1069, 1078, 1081—
  1083, 1094, 1125, 1127, 1129,
  1136, 1223, 1226, 1227, 1235
  —1237, 1247, 1248, 1277—
  1281, 1283, 1284, 1288, 1296,
  1305, 1326, 1329, 1333, 1336,
  1342,   1358,   1380—1382,
  1411, 1418, 1419, 1425, 1426,
  1430, 1440, 1442, 1446, 1454,
  1456, 1458, 1463, 1464, 1470
  —1472, 1483, 1499, 1592,
  1593,   1605—1610,   1614,
  1616, 1617, 1633, 1639, 1640,
  1684, 1686, 1730, 1732, 1735,
  1763, 1787—1789, 1834,
Paris-Généralité (F) 17, 19, 20,
  26, 242, 875, 1089, 1090, 1244,
  1257, 1259, 1287, 1394, 1657,
  1782
Parma (I) 1, 2, 948, 1141—1144,
  1445
Pärnu (SU) 1707
Passau (D) 919
Pau (F) 91, 455, 1001, 1002, 1238
Payerne (CH) 1858
Penza (SU) 1373
Peronne (F) 1377, 1755

Perth (GB) 991, 1170
Pest (siehe auch Budapest) (H)
  79, 80, 826—833, 982, 983
Pforzheim (D) 1862
Piacenza (I) 81, 82, 1141—1144,
  1445
Pilsen siehe Plzeń (CS)
Piteå (S) 1043
Plzeń (Pilsen) (CS) 1712
Poitiers (F) 226, 229, 230, 231,
  356, 447, 759, 1055, 1096,
  1764
Polock (SU) 885
Pontoise (F) 1066, 1302
Porto (P) 425, 426, 429—431,
  672—674, 771, 1106, 1107,
  1116, 1117, 1183, 1184, 1253,
  1268, 1269, 1348, 1350, 1620,
  1818
Pozsony siehe Bratislava (CS)
Potsdam (D) 354, 1206
Praha (Prag) (CS) 79, 80, 84,
  542, 826—833, 949, 950,
  951, 982, 983, 1537, 1562,
  1578, 1897—1902
Preßburg siehe Bratislava (CS)
Prešov (Preschau) (CS) 952, 1217
Provins (F) 693, 1337, 1415,
  1734
Preußen 220, 1200
Przemyśl (PL) 127
Pskow (SU) 935

Racibórz (Ratibor) (PL) 1213
Rapperswil (CH) 1404, 1405
Ratibor siehe Racibórz (PL)
Rauma (SF) 1924
Regensburg (D) 1717
Rennes (F) 484, 501, 680, 681,
  1010, 1327, 1477, 1651, 1762
Reval siehe Tallin (SU)
Ribe (DK) 959
Riga (SU) 1540, 1715
Riom (F) 415, 416, 424, 485,
  876, 1130, 1385, 1644
Rjasan (SU) 700
Roma (Rom) (I) 1719, 1720, 1721
Rosenheim (D) 1427
Roskilde (DK) 478
Rostock (D) 488
Rostow (Jaroslawski) (SU) 1030
Rotterdam (NL) 1820
Rouen (F) 44, 90, 98, 101, 102,

Tarnów (PL) 127
Tartu (Derpt) (SU) 1723, 1827
Tbilisi (Tiflis) (SU) 678, 886, 1957
Terijoki siehe Zelenogorsk (SU)
Termonde siehe Dendermonde (B)
Ternopol (SU) 127
Thun (CH) 1510
Tiflis siehe Tbilisi (SU)
Timişoara (Temesvár) (R) 79, 80,
    826—833, 982, 983, 1535
Tobolsk (SU) 1132, 1679
Toledo (E) 569, 570
Tongeren (Tongres) (B) 1233,
    1833
Tongres siehe Tongeren (B)
Torgau (D) 546
Toropec (SU) 1530
Torshälla (S) 697, 723
Toulouse (F) 365, 370, 374—378,
    382, 543, 568, 997, 1128, 1239,
    1242, 1260, 1282, 1331, 1378,
    1428, 1465—1467, 1525,
    1909, 1918
Tournai (Doornijk) (B) 551, 553,
    554, 1560
Tours (F) 170, 173, 174, 179, 180,
    184, 344, 423, 555, 848, 879,
    1054, 1085, 1099, 1243, 1323,
    1526, 1634
Trieste (Triest) 79, 80, 84, 691,
    826—833, 982, 983, 1173,
    1369, 1370, 1897—1902
Torino (Turin) (I) 1199, 1887,
    1947
Trnava (Tyrnau) (CS) 1745
Trondheim (N) 1438
Troyes (F) 92, 582, 585, 587, 753,
    1102, 1379, 1779
Tschernigow (SU) 1211
Tschernowzy (SU) 127
Tschechoslowakei 290, 791—
    794, 1051, 1070, 1086, 1353,
    1469, 1812, 1964—1968
Tübingen (D) 1904, 1956
Tula (SU) 1158, 1828
Tunis (TN) 1974—1977
Tunesien 574, 684, 825, 1390,
    1391, 1498, 1971—1973
Turin siehe Torino (I)
Türkei 519, 520, 1488—1491,
    1969, 1970, 1982
Tyrnau siehe Trnava (CS)

Tuttlingen (D) 1050
Twer siehe Kalinin (SU)

Überlingen (D) 1175, 1192
Uddevalla (S) 1372
UdSSR 841, 845
Ufa (SU) 1134
Uglitsch (SU) 708
Uherské Hradiště (Ung. Hradisch)
    (CS) 1539, 1588
Ulm (D) 1849—1851
Ulricehamn (S) 577
Umeå (S) 1046
Ungarn 56—58, 834—836, 1087,
    1088, 1290
Ung. Hradisch siehe Uherské Hra-
    diště (CS)
Uppsala (S) 1691, 1692
Urach (D) 1736
Utrecht (NL) 1870
Uusikaarlepyy (SF) 1768
Uusikaupunki (SF) 1314
Uusikirkko (SF) 576

Vä (S) 1746
Vadstena (S) 748
Vänersborg (S) 1799
Vammala (SF) 602
Varberg (S) 603, 1033
Varkaus (SF) 1486
Västerås (S) 46
Vastervik (S) 1795, 1801
Växjö (S) 599
Venezia (Venedig) (I) 898, 899,
    1792
Versailles (F) 108, 168, 202, 352,
    358, 647, 999, 1256, 1384,
    1410, 1468, 1482, 1647, 1726,
    1739, 1784, 1785, 1919, 1921
Vesoul (F) 1652
Vevey (CH) 600
Viborg (DK) 725
Viipuri (SF) 594
Vilnius (Wilno) (SU) 880
Vimmerby (S) 1361
Virton (B) 583
Visby (S) 595, 598
Vitré (F) 928
Vlissingen (NL) 1760

Walk (SU) 867
Weilheim (D) 1569

Weimar (D) 597, 916
Weliki Ustjug (SU) 698, 699, 701, 1159
Wertheim (D) 1218
Wesel (D) 1137
Wiatka siehe Kirow (SU)
Wien (A) 79, 80, 84, 535, 826—833, 982, 983, 1879, 1880, 1885, 1889—1896, 1897—1902
Wilno siehe Vilnius (SU)
Winterthur (CH) 1075
Wismar (DDR) 1011
Wladimir (SU) 932—934
Wologda (SU) 864—866
Wolfenbüttel (D) 987
Worms (D) 1709
Woronesh (SU) 874
Wrocław (Breslau) (PL) 596, 728, 729
Wschowa (Fraustadt) (PL) 1911
Würzburg (D) 689, 690, 1878

York (GB) 962, 1473
Ypres siehe Ieper (B)

Ystad (S) 888

Zabkówice Śląskie (Frankenstein) (PL) 1558
Zadar (Zara) (YU) 79, 80, 826—833, 982, 983
Zagreb (Agram) (YU) 79, 80, 826—833, 982, 983
Zaleschtschiki (SU) 127
Zamość (PL) 127
Zara siehe Zadar (YU)
Zaragoza (E) 961
Zelenogorsk (Terijoki) (SU) 565
Zerbst (D) 653
Zittau (D) 664
Znaim siehe Znojmo (CS)
Znojmo (Znaim (CS) 1178
Zofingen (CH) 1844
Zug (CH) 1843, 1848
Zürich (CH) 651, 662, 665
Zutphen (NL) 1925
Zweibrücken (D) 958
Zwickau (D) 1234
Zwolle (NL) 1888

VERZEICHNIS

DER AMERIKANISCHEN

SILBERSCHMIEDEMEISTER

Gilbert, Samuel 527
Goldthwaite, Joseph 279
Greene, Rufus 493
Grignon, Rene 494
Hall & Hewson 254
Hanners, George 237
Hart, Eliphaz 192
Hastier, John 282
Haugh, Samuel 528
Hays & Myers 256
Hiller, Benjamin 114
Hitshcock, Eliakim 193
Hollingshead, William 613
Homes, William 612
Huertin, William 611
Hull, John 281
Hurd, Benjamin 115
Hurst, Henry 253
Inch, John 283
Jarvis, Munson 390
Jesse, David 165
Keeler, Joseph 285
Kiersteade, Cornelius 144
Krider & Biddle 326
Lamar, Mathias 391
Lansing, Jacob B. 280
Leach, Samuel 531
Le Roux, Charles 139
Lewyn, Gabriel 238
Lincoln & Green 349
Loring, Henry 255
Lyng, John 287
Maverick, D. 166
McFee & Reeder 393
McParlin, William 616
Merriman, Marcus & Co. 392
Millner, Thomas 567
Minott, Samuel 532
Morse, Nathaniel 411
Moulton, Joseph II. 299
North, William B. 604
Noyes, John 289
Oliver, Peter 462
Onclebagh, Garrett 113
Parisien, O. & Son 421
Parry & Musgrave 461
Pear, Edward 196
Pelletreau & Richards 618

Perkins, Isaac 291
Perreaux, Peter 463
Phillipe, Joseph 300
Pitkin, Henry 257
Portram, Abraham 71
Quintard, Peter 464
Reed, Jonathan 292
Revere, Paul Sr. 465
Revere, Paul 466, 467
Richardson, Francis 218
Riggs & Griffith 495
Roosevelt, Nicholas 589
Rouse, William 617
Sanderson, Robert 497
Sexnine, Simon 534
Sibley & Marble 533
Skinner, Thomas 571
Sparrow, Thomas 572
Stephens, George 239
Storrs & Cooley 524
Syng, Philip 468
Ten Eyck, Koenraet 327
Townshendt, Thomas 573
Traux, Henry R. 258
Trott & Brooks 557
Tyler, Andrew 78
Tyler, George 240
Vanderspiegel 530
van Dyke, Peter 588
van Ness & Waterman 593
Vincent, Richard 498
Vilant, William 619
Wagster, Isaiah 293, 1195
Ward, B 122
Ward, William 621
Warner, Joseph P. 301
Webb, Barnebus 121
Wells, Lemuel 355
Wendover, John 303
Whetcroft, William 620
Wilcox, Michael 1916
Williamson, Samuel 540
Wilson, Robert 499
Winslow, Edward 204
Wood & Hughes 614
Woodward & Grosjean 610
Wynkoop, Benjamin 615
You, Thomas 575